Erich Bauer

Alles über das Sternzeichen
SCHÜTZE
23. 11. – 21. 12.

MensSana

Besuchen Sie uns im Internet: www.knaur.de
Alle Titel aus dem Bereich MensSana finden Sie im Internet unter
www.mens-sana.de

Überarbeitete Neuausgabe November 2010
Knaur Taschenbuch. Ein Unternehmen der Droemerschen Verlagsanstalt
Th. Knaur Nachf. GmbH & Co. KG, München
Copyright © 2010 Knaur Taschenbuch
Alle Rechte vorbehalten. Das Werk darf – auch teilweise –
nur mit Genehmigung des Verlags wiedergegeben werden.
Redaktion: Ralf Lay
Abbildungen: Erich Bauer
Umschlaggestaltung: ZERO Werbeagentur, München
Umschlagabbildung: FinePic®, München
Satz: Wilhelm Vornehm, München
Druck und Bindung: CPI – Clausen & Bosse, Leck
Printed in Germany
ISBN 978-3-426-87521-6

2 4 5 3 1

Schütze

23. November bis 21. Dezember

DIE FAKTEN

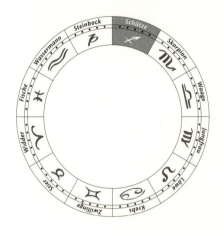

Element *Feuer*
Urstoff allen Lebens, Geistigkeit, göttlicher Funke und Inspiration.

Qualität *Beweglich*
Labil, flexibel, sozial, verbindend, anpassend, versöhnend, aufnehmend und abgebend.

Polung *Plus*
Männlich, Yang, aktiv, nach außen, expansiv.

Symbolik Das Urbild des *Schützen* ist der Zentaur als Mischwesen aus Tier und Mensch, Triebhaftem und Geistigem.

Zeitqualität *23. November bis 21. Dezember*
Das Überwiegen der Nachtseite führt zu Verinnerlichung und geistiger Suche.

Herrscherplanet *Jupiter*
Göttervater Zeus, Herrscher über den Himmel.

Stärken
Optimistisch, aufgeschlossen, idealistisch, mitreißend.

Reiseziele
Stadt Köln, Avignon, Budapest
Land Spanien, (ehem.) Jugoslawien, Australien
Landschaft Savanne, üppige Landschaft

Magische Helfer
Farbe Purpur
Stein Lapislazuli
Baum Esche
Tier Pferd
Duft Mimose

Die Persönlichkeit
4 Durchsetzung
1 Besitzstreben
7 Kontakt
2 Familie
5 Genuss
3 Pflicht
8 Liebe
1 Bindung
10 Ideale
4 Ehrgeiz
4 Originalität
7 Transzendenz

Inhalt

9 **Vorwort**

11 **Einleitung: Eine kurze Geschichte der Astrologie**
12 Der Ursprung
13 Die Blüte
15 Der Niedergang
16 Der Neubeginn

Teil I – Das Tierkreiszeichen

20 **Wichtiges und Grundsätzliches**
20 Wie wird man ein Schütze?
Kinder des Himmels – Kinder ihrer Jahreszeit – Kinder der Kultur – Zwischen Wirklichkeit und Mythos – Auf der Suche nach Wahrheit – Mehr Tier oder mehr Mensch? – Mehr oder weniger Sex? – Innerlich und äußerlich reich – Bindungslos und ohne Ruhe – Die Flammen der Inspiration – Heiler und Helfer

34 Liebe, Sex und Partnerschaft
Der Astro-Flirt – Sind Schützen gut im Bett? – Sind Schützen gute Partner? – So hält man Schützen bei guter Laune – Über die Treue des Schützen – Das Eifersuchtsbarometer – Wie gut Schützen allein sein können – Weibliche Schützen auf dem Prüfstand – Männliche Schützen auf dem Prüfstand

45 Wie klappt's mit den anderen Sternzeichen?
Gegensätze ziehen sich an: Schütze und Zwillinge – Knapp vorbei ist auch daneben: Schütze und Stier/Schütze und Krebs – Ein Vertrauter in der Fremde: Schütze und Widder/Schütze und Löwe – Das verflixte Quadrat: Schütze und Jungfrau/Schütze und Fische – Gute Freunde und mehr: Schütze und Waage/Schütze und Wassermann – (Nicht immer) gute Nachbarn: Schütze und Skorpion/Schütze und Steinbock – Ich liebe ... »mich«: Schütze und Schütze

72 **Der Schütze und seine Gesundheit**
72 Die Schwachstellen von Schützegeborenen
73 In Richtung Himmel
74 Vorbeugung und Heilen
Brücke zwischen Himmel und Erde – Am wichtigsten ist Bewegung – Körperliche und seelische Selbsterfahrung – Die Apotheke der Natur – Die richtige Diät für Schützen

79 **Beruf und Karriere**
79 On the road …
81 Der Traum vom Helfer
82 Phantasten, Abenteurer und Forscher
83 Das Arbeitsumfeld und die Berufe
Wo arbeiten Schützen am liebsten? – Berufe der Schützen

85 **Test: Wie »schützehaft« sind Sie eigentlich?**

Teil II – Die ganz persönlichen Eigenschaften

90 **Der Aszendent und die Stellung von Mond, Venus & Co.**
90 Vorbemerkung
92 Der Aszendent – Die individuelle Note
Die Bedeutung des Aszendenten – Der Schütze und seine Aszendenten
117 Der Mond – Die Welt der Gefühle
Die Bedeutung des Mondes – Der Schütze und seine Mondzeichen
134 Merkur – Schlau, beredt, kommunikativ und göttlich beraten
Die Bedeutung Merkurs – Der Schütze und seine Merkurzeichen
139 Venus – Die Liebe
Die Bedeutung der Venus – Der Schütze und seine Venuszeichen
147 Mars – Potent, sexy und dynamisch
Die Bedeutung des Mars – Der Schütze und seine Marszeichen
161 Jupiter – Innerlich und äußerlich reich
Die Bedeutung Jupiters – Der Schütze und seine Jupiterzeichen
174 Saturn – Zum Diamanten werden
Die Bedeutung Saturns – Der Schütze und seine Saturnzeichen
189 **Zum Schluss**

Vorwort

Astrologie ist eine wunderbare Sache
Sie verbindet den Menschen mit dem Himmel, richtet seinen Blick nach oben in die Unendlichkeit. Vielleicht steckt hinter dem Interesse an ihr zutiefst die Sehnsucht nach unserem Ursprung, unserem Zuhause, nach Gott oder wie immer man das Geheimnisvolle, Unbekannte nennen will.

Astrologie ist uralt und trotzdem hochaktuell
Die ersten Zeugnisse einer Sternenkunde liegen Tausende von Jahren zurück. Und dennoch ist sie brandneu. Es scheint, als hätte sie nichts von ihrer Faszination verloren. Natürlich hat sich die Art und Weise astrologischer Beschäftigung verändert. Während früher noch der Astrologe persönlich in den Himmel schaute, studiert er heute seinen Computerbildschirm. Damals konnte man nur von einem Kundigen eingeweiht werden, heute finden sich beinah in jeder Zeitung astrologische Prognosen.

Astrologie ist populär
Jeder kennt die zwölf Tierkreiszeichen. Man kann eigentlich einen x-beliebigen Menschen auf der Straße ansprechen und ihn nach seiner Meinung fragen: Er weiß fast immer Bescheid, sowohl über sein eigenes Sternzeichen als auch über die meisten anderen. Die zwölf astrologischen Zeichen sind Archetypen, die im Unterbewusstsein ruhen und auf die man jederzeit zurückgreifen kann.

Astrologie schenkt Sicherheit
Der Einzelne findet sich eingebettet in einer gütigen und wohlwollenden Matrix, ist aufgehoben, hat seinen Platz, so wie auch alle anderen ihren Platz haben.

Astrologie kann gefährlich sein
Die Astrologie liefert ein perfektes System. Konstellationen, die sich auf Bruchteile von Sekunden berechnen lassen, blenden und machen glauben, man habe es mit einer exakten Wissenschaft zu tun. Genau das ist aber falsch. Die Astrologie ist viel eher eine Kunst oder eine Philosophie. Ihre Vorhersagen sind immer nur ungefähr, zeigen eine Möglichkeit, sind aber kein Dogma. Astrologen wie Ratsuchende driften, wenn sie nicht achtgeben, leicht in eine Pseudowelt ab. In ihr ist zwar alles in sich stimmig, allein es fehlt am validen Bezug zur Wirklichkeit.

Ich bin Astrologe aus Passion
Ich lebe in dieser Welt, aber ich weiß auch, dass sie nicht alles offenbart. Ich freue mich, die Gestirne als Freunde zu haben, und glaube, dass ich so mein Schicksal gütig stimme. Das ist eine Hoffnung, kein Wissen.

Ich wünsche Ihnen beim Lesen Spaß und Spannung – und dass Sie sich selbst und andere besser verstehen.

Erich Bauer, im Frühjahr 2010

Einleitung:
Eine kurze Geschichte der Astrologie

Am Anfang jeder Geschichte der Astrologie steht das Bild des nächtlichen, mit Sternen übersäten Himmels. Der Mensch früherer Zeiten hat ihn sicher anders erlebt als wir. Er wusste nichts von Lichtjahren und galaktischen Nebeln. Er erschaute das Firmament eher vergleichbar einem Kind. Und als Kind der Frühzeit sah er sich nicht, wie wir heute, als getrennt von diesem Himmel, sondern als eins mit ihm. Er fand sich in allem und fand alles in sich. Und er folgte dem Rhythmus dieses großen Ganzen, ähnlich wie ein Kind seiner Mutter folgt. Dabei fühlte er sich wohl getragen und geborgen.

Wann die Menschheit anfing, sich aus diesem Gefühl der Allverbundenheit zu lösen, ist schwer zu sagen. Die überlieferten Zeichen sind rar und rätselhaft. Aber als der Homo sapiens begann, die Sterne zu deuten, war er dem großen Ozean seit Äonen entstiegen, er sah sich und den Himmel längst als getrennte Einheiten. Doch kam es irgendwann dazu, dass der Mensch Beziehungen zwischen den Sternbildern und dem Leben auf der Erde wiederentdeckte, deren Kenntnis er eigentlich schon immer besaß. Beispielsweise erlebte er, dass ein Krieg ausbrach, während am Himmel ein Komet auftauchte und die normale Ordnung der Sterne störte. Oder er empfand großes Glück, während sich am Firmament zwei besonders helle Lichter trafen. Er begann, solch auffällige Lichter mit Namen zu versehen: »Helios« beispielsweise – oder »Jupiter«, »Mars« oder »Venus«. Er ging sogar dazu über, bestimmte Sterne als Gruppen (Sternbilder) zusammenzufassen und ihnen Namen zu geben, etwa »Widder« oder »Großer Wagen«. Immer wieder beobachtete er typische Gestirnskonstellationen, die parallel zu markanten Ereignissen auf der Erde auftraten. Nach den Gesetzen der Logik entwickelte er aus diesen Zusammenhängen mit der Zeit eine Wissenschaft, die Astrologie, die ihm zum Beispiel die Schlussfolgerung erlaubte, dass auf der

Erde Gefahr droht, wenn Mars in das Tierkreiszeichen Skorpion eintritt. So fand der Mensch allmählich seine verlorene Einheit wieder und baute eine Brücke, die ihn mit seinem Urwissen verband, das er im Inneren seiner Seele aber nie wirklich verloren hatte.

Der Ursprung

Die Urheimat der Sternkunde war nach heutigem Erkenntnisstand Mesopotamien, das Land zwischen den Flüssen Euphrat und Tigris, das jetzt »Irak« heißt. Dort war der menschliche Geist wohl am kühnsten und vollzog als Erster endgültig die Trennung zwischen Mensch und Schöpfung. Die Sterne am Himmel bekamen Götternamen, etwa den des Sonnengotts Schamasch und der Göttin Ischtar, die auch als Tochter der Mondgöttin verehrt wurde und die sich als leuchtender Venusstern offenbarte. Da der Mond, die Sonne und einige andere Lichter im Vergleich zu den Fixsternen scheinbar wanderten, nannte man diese Planeten »umherirrende« oder »wilde Schafe« und unterschied sie von den »festgebundenen« oder »zahmen Schafen« – den Fixsternen, die vom Sternbild Orion, dem »guten Hirten«, bewacht wurden. Der größte Planet des Sonnensystems, mit heutigem Namen »Jupiter«, war im Land zwischen den zwei Strömen ein Sinnbild des Schöpfergottes Marduk. Sein Sohn und Begleiter hieß »Nabu« und wurde später zu »Merkur«. Das rötlich funkelnde Gestirn Mars wiederum war die Heimat des Herrn der Waffen, der genauso als Rachegott angesehen wurde. Saturn war ebenfalls bereits entdeckt worden und wurde als eine »müde Sonne« betrachtet. Außerdem galt Saturn als Gott der Gerechtigkeit, Ordnung und Beständigkeit. Gemeinsam mit anderen Göttern erhob sich schließlich der Rat der zwölf Gottheiten, und damit hatten auch die zwölf verschiedenen astrologischen Prinzipien ihren Auftritt. Zu all diesen Erkenntnissen kam man im Zweistromland etwa zwischen dem 7. und 4. vorchristlichen Jahrhundert.

Man hat Tafeln aus dem 2. Jahrhundert vor Christus gefunden, auf denen Beobachtungen über den Lauf von Sonne, Mars und Venus eingezeichnet waren. Auch Zeugnisse von ersten Geburtshoroskopen stammen aus dieser Zeit. Im Jahr 1847 wurden bei den Ruinen von Ninive 25 000 Tontafeln ausgegraben. Man datierte sie ins Jahr 600 vor Christus. Auf einem Teil dieser Tafeln befinden sich Weissagungen, die, mit etwas Zeitgeist aufgefrischt, ohne weiteres der astrologischen Seite einer modernen Tageszeitung entstammen könnten: »Wenn Venus mit ihrem Feuerlicht die Braut des Widders beleuchtet, dessen Schwanz dunkel ist und dessen Hörner hell leuchten, so werden Regen und Hochflut das Land verwüsten.«

Das ist eine »professionelle« astrologische Vorhersage. Damit war Spezialistentum an die Stelle einer ganzheitlichen Naturerfahrung getreten. Denn inzwischen hatte nur der fachkundige Astrologe die Zeit und das Wissen, den Himmel zu studieren, um daraus Rückschlüsse auf die Ereignisse im Weltgeschehen zu ziehen. Bald musste dieser Fachmann auch nicht einmal mehr den Himmel selbst beobachten. Spätestens im 1. Jahrhundert vor Christus gab es Ephemeriden. Das sind Bücher, aus denen die Stellung der Gestirne zu jeder beliebigen Zeit herausgelesen werden kann. Die Astrologie, wie sie auch heute noch betrieben wird, war damit endgültig geboren.

Die Blüte

In den nun folgenden anderthalbtausend Jahren erlebte die Astrologie eine Blütezeit kolossalen Ausmaßes. Dafür steht ein so bedeutender Name wie Claudius Ptolemäus. Er lebte im 2. Jahrhundert nach Christus und vertrat das geozentrische Weltbild mit der Erde im Mittelpunkt, auf das sich die Menschheit nach ihm noch länger als ein Jahrtausend beziehen sollte. Er war Geograph, Mathematiker und ein berühmter Astrologe und Astronom, der das bis in unsere Zeit fast unveränderte Regelwerk der Astrologie verfasste, den *Tetrabiblos*, welcher aus vier Büchern besteht. Darin riet er zu einer sorgfältigen Gesamtschau des Geburtshoroskops. Er erwähnte auch, dass man bei der Beurteilung eines Menschen ebenso dessen Milieu und Erziehung berücksichtigen solle, was einer modernen ganzheitlichen psychologischen Betrachtungsweise entspricht.

Eine spätere Berühmtheit in der Geschichte der Astrologie war Philippus Theophrastus Bombastus von Hohenheim (1493–1541), der sich selbst stolz »Paracelsus« nannte. Er war Arzt, Alchemist sowie Philosoph, und von ihm stammt jener von Astrologen so viel zitierte Satz: »Ein guter Arzt muss immer auch ein guter Astronomus sein.« Dazwischen lebte der Bischof Isidor von Sevilla (560–636). Er schrieb, ein Arzt solle immer auch sternkundig sein. Erwähnt werden muss natürlich die berühmte weibliche Vertreterin einer sternenkundigen Heilkunst, Hildegard von Bingen (1098–1179). Sie war fasziniert von den Analogien zwischen Himmel und Erde, sammelte Kräuter, pflanzte sie im Klostergarten an und schrieb über die Wirkung der Mondphasen. Sicher war die heilige Hildegard nicht der einzige weibliche astrologisch denkende Mensch. Aber ihr Name sei hier stellvertretend genannt für all die Frauen, die als Tempelpriesterinnen, Nonnen und angebliche Hexen ihr ganzheitliches Wissen über die Jahrhunderte hinweg weitergegeben haben.

Bis ins 16. Jahrhundert dauerte die Hoch-Zeit der Astrologie. Beinah alle angesehenen Denker – wie Platon und Aristoteles im Altertum, Naturwissenschaftler wie Nikolaus Kopernikus (1473–1543), Johannes Kepler (1571–1630) und Galileo Galilei (1564–1624) – dachten astrologisch und berechneten auch Horoskope. Am bekanntesten ist das von Kepler angefertigte Horoskop Wallensteins aus dem Jahr 1608. Die Astrologie wurde an den Universitäten gelehrt, und auch viele Bischöfe und einige Päpste förderten die Sternkunde. Wie es heute selbstverständlich ist, dass ein Naturwissenschaftler Einsteins Relativitätstheorie kennt und versteht, so war damals jeder denkende Kopf in der Astrologie bewandert.

Der Niedergang

Bereits Ende des 16. Jahrhunderts hatte die Astrologie ihren guten Ruf in vielen Ländern Europas verloren. Es gab päpstliche Anordnungen wie die Bulle »Constitutio coeli et terrae« von 1586, in der ein Verbot der Astrologie ausgesprochen wurde, und die meisten Universitäten schafften ihren Lehrstuhl für Astrologie ab.

Worauf war dieser rapide Niedergang zurückzuführen? Es gibt sicher zahlreiche Gründe. Der wichtigste ist, dass sich der menschliche Geist von den Fesseln tradierter Vorstellungen zu befreien begann. Er löste sich mit der Reformation von Rom und später mit der Französischen Revolution von seinen königlichen und kaiserlichen »Göttern«. Da war es nur konsequent, sich auch von den »Göttern am Himmel« loszusagen. Der zweite Grund war der, dass sich im Laufe der Zeit grobe Fehler astrologischer Vorhersagen herumsprachen. So hatte es wohl keine Prophezeiung gegeben, die den Dreißigjährigen Krieg oder die Pest rechtzeitig in den Sternen sah. Der dritte Grund wird häufig von den professionellen Astrologen angeführt. Sie behaupten, dass die falschen Propheten, also die unseriösen Astrologen, der wahrhaften Sterndeutekunst das Aus bescherten. Eine Kunst wie die Astrologie lockt natürlich auch faustische Gestalten an, die davon besessen sind, dem Schicksal einen Schritt voraus zu sein. Solche Schwarmgeister und falsche Propheten haben der Astrologie bestimmt geschadet, besonders auch, weil durch die Erfindung der Buchdruckerkunst jede selbst noch so törichte Prophezeiung in einer hohen Auflage verbreitet werden konnte. Aber den guten Ruf der Astrologie haben letztlich auch sie nicht ruiniert.

Nein, es waren die Astrologen selbst. Als im 16. und 17. Jahrhundert durch immer neue Entdeckungen die Erde ihre zentrale Stellung verlor und sich ein völlig neues naturwissenschaftliches Verständnis durchsetzte, versuchte die Astrologie, mitzuhalten, und verlor wegen ihrer unhaltbaren Thesen jeden Kredit in den gelehrten Kreisen. Schon Kepler, der seiner Zeit um Jahrzehnte voraus war, hatte die Astrologen gewarnt und ihnen geraten, ihre

Kunst nicht auf einen naturwissenschaftlichen, sondern auf einen philosophischen Boden zu stellen. Er sagte, es sei unmöglich, zu denken, dass die Sterne mittels irgendwelcher Strahlungen die menschliche Seele berühren könnten. Er sprach in diesem Zusammenhang von einem astrologischen Instinkt, der im menschlichen Geist verankert sei. Aber sein »psychologischer Ansatz« wurde überhört und ging schließlich völlig unter. Die Astrologen sahen sich im Gegenteil dazu veranlasst, immer hanebüchenere »wissenschaftliche« Thesen aufzustellen. Die Folge war ein gewaltiges Gelächter der gesamten gelehrten Welt im 17. Jahrhundert, das bis heute noch nicht verklungen ist.

Der Neubeginn

Erst im 19. und dann besonders im 20. Jahrhundert besann sich der Mensch wieder vermehrt seiner fernen Vergangenheit. Der Schweizer Psychiater C. G. Jung etwa sagte, dass die Astrologen endlich darangehen müssten, ihre Projektionen, die sie vor Jahrtausenden an den Himmel geworfen hätten, wieder auf die Erde zurückzuholen. In jeder menschlichen Seele seien die Kräfte der astrologischen Archetypen, der archaischen Urbilder, enthalten und dort wirksam. So wird der Raum am Himmel mit den Zeichen und Planeten zu einer Landkarte menschlicher Anschauung. Dabei ist es nicht so, dass zum Beispiel der Planet Mars die Geschicke *bestimmt*, sondern er *zeigt* durch seine Position den Gesetzen der Analogie folgend *auf*, was in der menschlichen Seele vor sich geht.

Nach seiner jahrtausendelangen Reise heraus aus der Allverbundenheit hat der Mensch also begonnen, den Bezug zu seinen Ursprüngen wiederherzustellen. Er besinnt sich als kritischer und freier Geist darauf, was schon immer in ihm vorhanden war. Damit beginnt die Ära einer psychologischen oder philosophischen Astrologie. Und das ist auch die Geburtsstunde einer Astrologie, die ganzheitlich denkt und arbeitet.

In etwa parallel zu dieser allmählichen Hinwendung zur Psychologie und Philosophie übernahmen Computer mit entsprechender Software den komplexen Rechenvorgang zur Erstellung eines Geburtshoroskops. Bis vor vielleicht zehn, zwanzig Jahren gehörte es zum Standardkönnen eines jeden Astrologen, Horoskope zu berechnen und zu zeichnen. Dies ist sehr wahrscheinlich einer der Gründe, warum Frauen unter den Sterndeutern damals deutlich in der Minderzahl waren. Es ist einfach nicht ihr Metier, sich mit trockenen Zahlen und komplizierten Berechnungen herumzuschlagen, wo es doch um seelische Vorgänge geht – und diese Feststellung ist in keiner Weise abwertend gemeint, denn heute sind Frauen unter den Astrologen bei weitem in der Überzahl.

Der PC spuckt nach Eingabe von Name, Geburtsdatum, -ort und -zeit in Sekundenschnelle das Horoskop aus. Die astrologische Kunst scheint jetzt »nur« noch darin zu bestehen, die Konstellationen richtig zu deuten. Und auch hier ersetzt der Computer mehr und mehr den Astrologen. Es gibt schon seit einigen Jahren Programme, die mit entsprechenden Textbausteinen zu bemerkenswert treffenden Aussagen kommen. Ist dies nun das Ende der Sterndeuter? Ich meine: im Gegenteil! Überlassen wir dem »Computer-Astrologen« ruhig die Grundarbeit. Das spart Zeit. Dafür kann der »Mensch-Astrologe« die einzelnen Fakten im Sinne einer ganzheitlichen Schau zusammentragen und sich völlig dem Verständnis der einmaligen, individuellen Persönlichkeit widmen. Ebendafür ist ein großes Maß an Intuition, die ja gerade eine weibliche Stärke ist, mit Sicherheit von Vorteil.

Teil I
Das Tierkreiszeichen

Wichtiges und Grundsätzliches

Die Erde dreht sich bekanntlich einmal im Jahr um die Sonne. Von uns aus gesehen, scheint es aber so zu sein, dass die Sonne eine kreisförmige Bahn um die Erde beschreibt. Der Astrologie wird vielfach vorgeworfen, sie ignoriere diesen grundlegenden Unterschied. In Wirklichkeit ist er für die astrologischen Horoskopdeutungen jedoch nicht von Bedeutung.

Diesen in den Himmel projizierten Kreis nennt man »Ekliptik«. Die Ekliptik wird in zwölf gleich große Abschnitte gegliedert, denen die Namen der zwölf Stern- bzw. Tierkreiszeichen zugeordnet sind. Zwischen dem 23. November und dem 21. Dezember durchläuft die Sonne gerade den Abschnitt Schütze, weswegen dieses Tierkreiszeichen auch das »Sonnenzeichen« genannt wird.

Beginnen wir jetzt mit der Betrachtung des Sonnen- oder Tierkreiszeichens, dem dieser Band gewidmet ist, um zunächst einmal herauszufinden, was denn nun »typisch Schütze« ist.

Wie wird man ein Schütze?

Kinder des Himmels

Anfang Juli um Mitternacht sieht man tief im Süden ein Gewirr schwach leuchtender Sterne. Einem Betrachter, der lange genug in den Himmel schaut, offenbart sich mit der Zeit das Bild eines zackigen Blitzes, der am fernen Horizont aufleuchtet und auf die Erde fällt. Dies ist das Sternbild des Schützen, das man in Mitteleuropa nicht vollständig sehen kann.

Die Astronomen haben in diesem Zeichen viele interessante Sternhaufen entdeckt, und in seiner Mitte vermutet man in unendlicher Entfernung das Zentrum unseres ganzen Milchstraßensystems. Unter dem weiten Raum des Sternenhimmels mag der Betrachter vielleicht die Frage stellen, wer er – ein Sandkorn im grenzenlosen All – sei, was ihn lenkt und wohin sein Leben führt.

Dann ist er auf den Spuren des Schützen, wird zum Jäger auf der ewigen Suche nach Wahrheit und Sinn.

Kinder ihrer Jahreszeit
Wenn der Wind die letzten Blätter vom Baum erlöst hat und der Rauhreif den Morgen begrüßt, beginnt eine Zeit, in der die Natur nur noch ihr Gerippe zeigt. Aber tief in den Pflanzen und Wurzeln wächst ein Sehnen nach dem Licht. Denn schon jetzt konzentrieren sich im Inneren Energien, die den Aufbruch im Frühjahr vorbereiten.

Hoch im Norden herrscht die ewige Dämmerung, und auch weiter südlich dauern die Nächte fast doppelt so lang wie der Tag. Auf ihrer kurzen Reise steht die Sonne schräg, und Nebel fangen ihre Strahlen. Manchmal hält sich der Dunst über Tage in Tälern und Mulden. Aber über den Niederungen, auf Hügeln und Bergkuppen reicht der Blick weiter als zu jeder anderen Jahreszeit.

Die meisten Winterschläfer haben ihr Quartier bezogen. Was ausgerüstet ist für die Kälte, streift auf der Suche nach Nahrung durch die unbelaubten Wälder und die kahlen Felder. Dabei sind die Sinne aufs alleräußerste geschärft, denn es ist die Zeit der Jagd, und überall lauern Jäger mit ihren Treibern und Hunden.

Kinder der Kultur

Die dunkelste Jahreszeit weckt in den Seelen der Menschen die Angst vor der Macht des Bösen. Der Kalender der katholischen Kirche, der mit den Geschehnissen der Jahreszeit innig verflochten ist, kündigt im Dezember Rorare-Messen an. *Rorare* heißt »tauen lassen«, und die Gläubigen werden noch zur Frühdämmerung in der Kirche mit Gesängen und heiligen Worten empfangen und seelisch erwärmt. In früheren, heidnischen Zeiten wurden Dämonenkulte durchgeführt. Man musste den Ritt der Hexen abwehren oder sich vor Thors gefürchtetem Reiterheer schützen. Aber während man in der Zeit des Skorpions diesen Kräften hilflos ausgeliefert war, versucht man jetzt, die Unterwelt zu bannen und aus ihr einen Nutzen zu ziehen: Am 4. Dezember stellt man Barbarazweige, meistens Kirschzweige, ins Wasser. Während sich die Kinder an den aufbrechenden Knospen erfreuen, verfolgt der Bauer gespannt deren Wuchs – weil er daraus auf den Ertrag der kommenden Ernte schließen kann. Genauso gern ging man zu Wahrsagern und ließ sich die Zukunft aus den Karten oder der Kristallkugel lesen.

Nun kam die Zeit das fahrenden Volkes, welches bunte Farben in das wie im Winterschlaf dahindämmernde Dorf brachte. Jeder Neuankömmling wusste etwas zu erzählen, und je weiter er gereist war, umso begieriger lauschten ihm die Leute. Man wollte wissen, was sonst noch in der großen, weiten Welt geschah. Herumreisende waren die Nachrichtensprecher der Vergangenheit.

Am Abend saßen die Kinder bei den Alten und lauschten den Märchen oder gruseligen Geschichten und klatschten bei jedem »Happy End«. Am 6. Dezember ist Nikolaus und damit »Kindergericht«. Meist kommt Sankt Nikolaus aus dem Wald, oft auf einem Pferd oder Esel. Fast immer begleiten ihn dämonische Gestalten, die zwar vom heiligen Alten gebannt waren, aber allein ihr Aussehen flößte Furcht und Schrecken ein. Wer von den Kindern gut und fleißig war, wurde beschenkt, den anderen drohte Strafe.

Mariä unbefleckte Empfängnis ist am 8. Dezember, gefolgt vom Fest der heiligen Lucia am 13. Meistens ist sie eine Lichtbringerin; nur in Österreich war sie eine gefürchtete Frau, weil sie wie der heilige Nikolaus einen ganzen Schwarm von Dämonen hinter sich herzog.
Am 21. Dezember, der längsten Nacht im ganzen Jahr, ist das Fest des heiligen Thomas. Einst ungläubig, dann bekehrt und erleuchtet, soll er symbolisch die Überwindung der Dunkelheit verkünden.

Zwischen Wirklichkeit und Mythos
Schützen sind eigentlich Waffenträger. Früher hatten sie eine Armbrust oder einen Bogen, heute ein Gewehr. In der Armee begleitet sie ein niedriger Rang, aber in sportlichen Vereinen, in denen das Schießen als Kult und Wettkampf betrieben wird, bringen sie es bis zum Schützenkönig oder zur Schützenkönigin.
Im Mythos taucht in diesem Zusammenhang eine ganz andere Gestalt auf, nämlich ein Zentaur. Das waren gigantische Wesen, halb Mensch, halb Pferd, die in der griechischen Urvergangenheit durch ihre sexuelle Direktheit erotische Verwirrung stifteten und manchmal mit der Lustgestalt Dionysos daherkamen. Oft wird der himmlische Schütze direkt mit dem Zentauren Cheiron gleichgesetzt. Dieser war ein Heiler und Wohltäter und von so großer Güte, dass er zugunsten des Prometheus auf seine Unsterblichkeit verzichtete und dafür von Zeus zum ewigen Sternbild erhöht wurde.

Auf der Suche nach Wahrheit
Der astrologische Tierkreis lässt sich als eine Folge von zwölf Urprinzipien oder Archetypen begreifen. Ähnlich den Platonischen Grundprinzipien aller Erkenntnis und allen Seins existierten sie schon immer und werden immer sein. Sie erfüllen den gesamten Kosmos und daher auch jeden Menschen. Die Aufeinanderfolge dieser Prinzipien spiegelt eine universelle Gesetzmäßigkeit wider. Jeder Abschnitt baut auf dem vorhergehenden auf

und führt ihn weiter. Alle zwölf Abschnitte aber erfüllen sich im Tierkreis (Zodiak), in dem jedes Prinzip seinen Teil am Ganzen trägt.

Die Zeichen Widder bis Jungfrau reflektieren verschiedene Stufen der *Ich*- bzw. *Selbst*entwicklung. Vom Widder (*Ich*durchsetzung) geht es über den Stier (*Ich*festigung) zu den Zwillingen (*Ich*austausch), dann von Krebs (*Selbst*entdeckung) über den Löwen (*Selbst*ausdruck) zur Jungfrau (*Selbst*aussteuerung). Mit der Waage setzt sich dann eine Außenorientierung durch; das *Ich* begegnet einem gleichwertigen *Du*. Auf der Ebene des Skorpionzeichens wiederum manifestiert sich die Idee der Gemeinschaft und die Einbindung des Ichs in der Gesellschaft.

Beim Übergang vom achten Tierkreiszeichen Skorpion zum neunten, dem Schützen, geschieht nun etwas Neues: Im tiefsten Wesen der Menschen erwacht eine Kraft, die sich der »bloßen Natur« entgegenstellt. Aus der Sicht des Skorpions zählt – symbolisch gesprochen – »nur« das Überleben der Gemeinschaft, der Sippe, des eigenen »Blutes«, der eigenen Rasse und der dies alles bewirkenden Triebe: geboren werden, sich entwickeln, ums Überleben kämpfen, Nachfahren zeugen, sterben.

Im neunten Abschnitt jedoch, dem Schützen, entsteht ein Sehnen nach einer anderen Wirklichkeit, die über dieses Naturgesetz hinausreicht: der Wunsch nach übermaterieller Sinnhaftigkeit, nach Licht, nach Unvergänglichkeit. Mit diesem Sehnen wird das Schützeprinzip verbunden – ein idealisiertes »Wesen«, das nicht mehr nur seinen Trieben folgt, sondern will, dass beispielsweise verschiedene Bevölkerungsgruppen und Rassen friedlich nebeneinanderleben, dass man von einem Territorium ohne Bedrohung des Lebens in ein anderes reisen kann, dass es (sportliche) Wettkämpfe gibt, bei denen der Sieger den Verlierer nicht tötet oder verjagt, dass es Bücher, Museen, Universitäten und Kirchen gibt, die jedermann zugänglich sind – all dies repräsentiert das Prinzip des Schützen.

Mehr Tier oder mehr Mensch?

Das Urbild des Schützen, der Zentaur, ist ein besonderes Wesen – halb Pferd (Unterkörper), halb Mensch (Oberkörper) – und in der griechischen Mythologie zu Hause. Da die Bilder und Symbole in der Astrologie ihre Bedeutung sehr direkt und unmittelbar, fast wörtlich transportieren, bedeutet das Sinnbild des Zentauren, dass auch Schützegeborene eine Art Doppelwesen darstellen: halb Mensch, halb Tier. Die Begriffe »Mensch« und »Tier« muss man natürlich übersetzen, und zwar mit »Geist« und »Körper«. Mit anderen Worten: Die Zweiheit aus Tier und Mensch, die das Fabelwesen Schütze bzw. der Zentaur symbolisiert, spiegelt die uralte Dualität zwischen Körper und Geist, Materie und Idee, dem Festen (oder Stofflichen) und dem Feinen (oder Energetischen) allen Seins wider.

Es gibt Schützen, die mehr den »tierhaften« Anteil ihrer Persönlichkeit leben. Sie haben meistens einen athletischen Körper, treiben Sport oder bewegen sich von Berufs wegen sehr viel. Aber so wichtig ihnen ihr Körper mit seinen Muskeln, Knochen und Sehnen auch ist, sie unterstellen dies alles immer auch einer Idee, einem höheren Prinzip. Die bekannteste ist die olympische Idee, die im Altertum dem obersten Gott Zeus zur Ehre gereichen sollte. »Zeus« ist ja der griechische Name für »Jupiter«, und der Planet gleichen Namens gilt als Herrscher des Schützezeichens. Mit anderen Worten, der Schützemensch trainiert und treibt seinen Körper nicht nur zu Höchstleistungen an, um zu gewinnen, sondern auch, um einer geistigen Idee zu huldigen.

Andere Schützegeborene folgen mehr dem geistigen Pol. Sie werden dann Philosophen, Wissenschaftler, Dichter oder Künstler anderer Art. Aber sosehr sie dem Geistigen auch nacheifern mögen, so sehr erfährt die andere Seite, der Körper, das »Tierhafte«, trotzdem die gebührende Aufmerksamkeit. Beispielhaft sei der Schütze Henri de Toulouse-Lautrec genannt, in dessen Bildern das Körperliche, Sinnliche und Erotische sowie das hektische Milieu der Vergnügungsetablissements stark und schonungslos zutage tritt.

Typische Schützegeborene befinden sich immer irgendwo zwischen den Extremen, dem rein Körperlichen und dem rein Geistigen. Beide Seiten existieren in ihnen, suchen eine Synthese und eine friedliche Koexistenz, so wie in ihrem Urbild, dem Zentauren, Pferd und Mensch friedlich miteinander vereint sind.

Mir fiel einmal durch Zufall das Poesiealbum eines neunjährigen Schützemädchens in die Hände. Darin kamen fein säuberlich alle ihre Schulfreunde und -freundinnen zu Wort. Unter anderem mussten sie die Frage »Was ist dein Lieblingshobby?« beantworten. Den Geburtstagsdaten konnte ich entnehmen, dass gleich fünf Schützekinder zu ihren Auserwählten gehörten. Und nun kommt das Erstaunliche: Alle fünf Schützekinder gaben als ihr Lieblingshobby »Reiten« an.

Schützen sind tatsächlich fanatische Tierfreunde, und am liebsten hätten sie alle ein Pferd. Denn das Zusammenspiel von Pferd und Reiter drückt genau das aus, worum es ihnen im tiefsten Inneren ihres Seins geht: die Synthese zwischen Körper und Geist unter Vorherrschaft des Letzteren.

Aber, und das scheint mir sehr wichtig, die Astrologie hat keinen Reiter mit Pferd für das Schützezeichen gewählt, sondern ein magisches Wesen, einen Zentauren. Ich meine, dass bei der Interpretation so der Eindruck vermieden werden soll, man könne sich das Tierhafte und damit Körperliche so einfach untertan machen, wie ein Reiter sein Pferd dressiert. Die Beziehung zwischen Körper und Geist ist weitaus vielschichtiger, und das wird durch einen Zentauren auch sehr bildhaft ausgedrückt: Hier gibt es weder »Herr« noch »Diener«, sondern nur ein harmonisches Miteinander. Vor allem kann sich der Geist nicht einfach vom Körper lösen und befreien, wie das beim Bild vom Pferd und Reiter sehr wohl der Fall wäre.

In diesem Zusammenspiel drückt sich ein tiefes Wissen um die Vorgänge in der menschlichen Psyche aus. Das mythologische Symbol reflektiert schon seit ewigen Zeiten sehr klar das, was Sigmund Freud vor nun gut hundert Jahren beschrieb: Das Bewusstsein macht nur einen Teil der Psyche aus, und zwar den kleineren.

Der größere Part besteht aus dem Unbewussten. Das Bewusstsein, so Freud, habe zwar die Aufgabe, das Unbewusste zu lenken und zu leiten, es dürfe aber den anderen Teil nicht unterdrücken. Das nämlich führe zu schlimmen Krankheiten und psychischen Ausfällen. Das astrologische Symbol des Zentauren bringt dieses Spiel zwischen Bewusstem und Unbewusstem in perfekter Weise zum Ausdruck.

Nicht jeder Schütze hat natürlich ein Pferd, aber sicher einen Hund oder eine Katze. Ohne es zu beabsichtigen, erfüllen sie mit der Nähe zu einem Tier ihre Sehnsucht nach Symbiose von Mensch und Tier. Ich kenne viele Veterinäre, die Schützegeborene sind. Und laut Gunter Sachs' Buch *Die Akte Astrologie* ist es auch statistisch erwiesen: Schützen studieren signifikant häufiger als Vertreter anderer Zeichen das Fach Tiermedizin.

Ich möchte noch einen Schützen erwähnen, dem eine wunderschöne Synthese von Tier und Mensch gelungen ist: den durch seine Comicfiguren weltberühmt und wahrscheinlich unsterblich gewordenen Walt Disney. In seinen Geschichten verschwindet der Unterschied zwischen Mensch und Kreatur völlig. Die Micky*maus* verhält sich wie ein Mensch, genauso wie es die Enten Tick, Trick und Track tun.

Mehr oder weniger Sex?

Tier und Mensch, Körper und Geist, Bewusstes und Unbewusstes sind aber auch Metaphern für Sexualität und Sinnlichkeit auf der einen Seite und Sublimierung und Entsagung auf der anderen.

Es gibt Schützegeborene, die dem Fleischlichen, der Lust, dem Eros völlig ergeben sind. Meistens drücken sie schon in ihrem äußeren Erscheinungsbild aus, dass sie dem Hedonismus anhängen: Sie sind füllig, groß, haben weiche, runde Züge und machen keinen Hehl daraus, dass sie gern essen, trinken, lieben. Etwas Bacchantisches geht von ihnen aus, und dieser Bezug auf Bacchus hat allein schon insofern Berechtigung, als auch er der Sage nach zuweilen als Tier, nämlich in Stiergestalt, mit seinen lärmenden Begleitern durch die Wälder zog. Gott Jupiter selbst, der Patron aller Schützegeborenen, gilt im griechischen Mythos ebenfalls keineswegs als Lustverächter. Immer wieder begab er sich auf die Erde, um mit weltlichen Frauen sein sexuelles Begehren zu stillen.

In der Schule kursierte der unselige Spruch »Quod licet Jovi, non licet bovi«, auf Deutsch: »Was dem Jupiter erlaubt ist, ist dem Rindvieh (damit sind die sterblichen Menschen gemeint) verboten«. Ich habe einmal ein Graffito entdeckt, das einen nackten Mann mit einem überdimensionalen Gemächt darstellte. Darunter stand wieder dieser aus den Pennälertagen sattsam bekannte Tugendspruch, allerdings leicht modifiziert: »Was Jupiter erlaubt ist, ist dem Menschen eine Pflicht!« Der Autor muss ein Schütze gewesen sein.

Es gibt wie gesagt aber auch solche Schützegeborene, die der fleischlichen Lust bewusst zu entsagen suchen, Priester und Mönche zum Beispiel, die sich dem Zölibat verpflichtet fühlen, oder Menschen, die aufgrund einer persönlichen Überzeugung über ihre Begierde hinauswachsen möchten. Unter Schützegeborenen finden sich viele Priester und Menschen, die direkt oder indirekt mit Religion zu tun haben. Ich selbst kenne aus meinen Seminaren und Einzelsitzungen mehrere Schützen, die Theologie studierten. Wenn ich noch all die mir bekannten »modernen Seelsorger« hinzurechne, komme ich sogar auf eine beachtlich hohe Anzahl von Schützen. Mit »modernen Seelsorgern« meine ich Psychologen, Psychotherapeuten und berufsverwandte Berater. Sie studier(t)en zwar nicht Religion, aber letztlich tun sie etwas Ähnliches wie ihre kirchlichen Äquivalente: Sie predigen und helfen verlorenen Seelen dabei, wieder den »richtigen« Weg zu finden.

Schützegeborene können sich fragen, wo sie selbst stehen, eher an dem einen, dem sinnlichen Pol – oder mehr am anderen, dem geistigen? Gleichgültig, wie die persönliche Antwort aussieht, in jedem Fall muss man sich immer auch mit der anderen Seite befassen. Man kann äußerlich ein Mensch sein, der sich keine Lust versagt, der raucht, trinkt, hemmungslos liebt und auch alles, was ihm über den Weg kommt, annimmt und genießt. Im Inneren steckt jedoch ebenso ein völlig entgegengesetztes Wesen, ein Asket, ein Engel, der sich über jegliche Sinnlichkeit erheben, frei davon sein möchte. Entsprechend verhält es sich aber auch umgekehrt: Wer dem rein geistigen Weg folgen möchte, wird in seinem Inneren stets von den größten Versuchungen herausgefordert.

Von diesen widerstreitenden Persönlichkeitsanteilen ist man als typischer Schütze in besonderer Weise betroffen. Man kann sich weder ganz dem Körperlichen hingeben und dort Befriedigung erlangen, noch ist man in der Lage, einen Weg einzuschlagen, auf dem die physischen Bedürfnisse völlig unwichtig sind.

Innerlich und äußerlich reich

Das hat ganz konkrete, praktische Konsequenzen: Wenn ein Schützegeborener glaubt, sein Leben auf rein materiellen Wohlstand gründen zu können, ist dieses Vorhaben von vornherein zum Scheitern verurteilt. Man wird immer wieder Misserfolgserlebnisse haben. Geld allein macht den Schützen nicht glücklich, deshalb funktioniert es auch nicht, wenn er alles darauf setzt. Er braucht darüber hinaus stets ein übergeordnetes geistiges Ziel, eine Philosophie, ein Ideal, dem er seine Kraft und seine Energien schenken kann. Er vermag äußerlich nur in der Weise reich zu werden, wie er es auch innerlich ist.

Ich kenne eine Schützefrau, die über Nacht zu Wohlstand gekommen war. Ihre Großmutter hatte ihr fast eine halbe Million hinterlassen. Was machte die Frau, die sich bis dahin als Studentin mit Hilfe von Gelegenheitsjobs durchgebracht hatte? Sie investierte ihr Geld zuerst in eine Psychotherapie. Dann lebte sie ein Jahr lang in Amerika in einem therapeutischen Zentrum, um noch mehr über sich zu erfahren. Dabei stellte sie fest, dass sie das ererbte Geld mehr belastete, als dass es ihr die erhoffte Freiheit schenkte. Sie behielt einen kleineren Teil der Summe und stiftete den größeren dem therapeutischen Zentrum, in dem sie lebte. Ganz schön dumm? – Nein, ganz schön »schützig«!

Wenn man als typischer Schütze reicher werden will, dann genügt es nicht, nur an seinem äußeren Wohlstand und Wachstum zu arbeiten. Das Geheimnis heißt, dass man auch innerlich wachsen muss. In jedem Schützen und in jeder Schützin steckt dieser Wunsch, innerlich reicher zu werden, sich selbst und das Leben in seiner Vielfalt zu erkennen. Bei manchen tritt er schon sehr früh im Leben zutage, und sie studieren vielleicht Psychologie, Philosophie oder werden sogar Priester oder Pfarrer. Bei anderen wiederum macht sich dieser Wunsch erst viel später bemerkbar, manchmal sogar erst dann, wenn sie in Rente bzw. Pension gehen und endlich Zeit haben, sich mit ihrem eigenen Innenleben näher zu beschäftigen.

Dafür, dass der alleinige Weg in die Innerlichkeit, hin zum Verzicht und zur Entsagung ebenso wenig funktioniert, existieren unzählige Belege. Es sei nur auf die Enthüllungen in den Klosterschulen verwiesen: Männer und Frauen, die nach außen hin das Gewand der Reinheit und Askese tragen, vergingen sich an Kindern. Sollten gewisse strenge und einseitige Vorstellungen nicht zumindest in Teilen revidiert werden, dann waren derlei Vorkommnisse bestimmt nicht die letzten.

Bindungslos und ohne Ruhe

Typische Schützen gehören von ihrem seelischen Empfinden her mit ziemlicher Sicherheit zu keiner bestimmten Volksgruppe. Sie fühlen sich frei und können überall leben. Aber sie sind auch nirgends daheim. Oder genauer: Der Weg ist ihr Ziel und ihr Zuhause. Umgekehrt verursacht ihnen Sesshaftigkeit Angst. Sie erinnert sie an die Vergangenheit des Skorpions und seinen Kampf ums Überleben, an seine Furcht vor den anderen und an eine Sicherheit, die allein eine starke Gemeinschaft verleiht. Ein bisschen sind sie wie auf der Flucht (tatsächlich befanden sich unter den Flüchtlingen der Nachkriegszeit und ihren Kindern besonders viele Schützegeborene). Sie haben ihre »Heimat« verloren – und noch keine neue gefunden.

Ein ganz bestimmtes Bild kommt mir dabei auch noch in den

Sinn: die Pioniere im Wilden Westen. Viele von ihnen waren nicht nur einfallsreiche Handwerker, die ihre eigenen Häuser, Wagen und Pflüge bauen konnten, sondern sie hatten auch eine entsprechende Geisteshaltung und das Selbstvertrauen, die sie beflügelten, den neuen Kontinent zu durchqueren. In diesen wettergegerbten Gesichtern – so das durch zahlreiche Hollywoodschmonzetten geprägte Klischee – blitzten Stolz und eine Mischung aus Abenteuerlust und Übermut. Sich selbst und die anderen mussten sie immer wieder vorantreiben und dabei auf das Einzige setzen, was sie hatten: die Hoffnung, dass es dereinst irgendwo besser werden würde als dort, wo sie herkamen.

Die Flammen der Inspiration

Schützegeborene sind Feuerzeichen. Als solche verfügen sie ebenso wie etwa die Widder über eine Fähigkeit, die sich logisch, rational oder empirisch nicht nachvollziehen lässt. Es »überkommt« sie einfach. Sie wissen etwas, ohne genau sagen zu können, woher: Sie haben eine Inspiration. Aber – und das ist das Entscheidende – ihre Inspiration ist genauso »wahr« wie ein logischer Schluss oder eine »abgesicherte« Erfahrung, und ihre Handlungen sind ebenso sinnvoll.

Die Gabe der Inspiration ist eine überaus charakteristische Eigenschaft von Schützen. Schützen, denen es an Inspiration mangelt, haben sie durch Enttäuschungen oder andere widrige Umstände eingebüßt bzw. gegen Zynismus getauscht. Noch häufiger aber zweifeln Schützen selbst an ihrer Begabung, wenn jemand von ihnen verlangt, sie sollten ihre Inspiration begründen. Sie versuchen dann häufig, es dem Fragenden recht zu machen, und verstricken sich immer mehr in Widersprüchen. In Wirklichkeit gibt es bei ihren Entscheidungen jedoch nichts zu begründen. Inspirationen, gute Ideen und sinnvolle Eingebungen brauchen normalerweise keine Rechtfertigung.

Wenn man einen Schützen trifft, kann man ihn für eine inspirierte Seele halten oder auch nicht, je nachdem, in welcher Stimmung er ist und was er von einem hält. Hat man jedoch die Gelegenheit, ihn näher kennenzulernen, erlebt man bald die ansteckende Begeisterung, mit der er seine Leidenschaften mit anderen teilt. Wenn er, wie viele Schützen, ein Intellektueller ist, verfällt man schon bald seinen Theorien und Ansichten. Für den intellektuellen Schützen haben gute Ideen immer etwas Inspirierendes. Inhaltlich kann es dabei um alles Mögliche gehen: von der Struktur des Universums bis zur Frage, wie man einem Tennisball den richtigen Dreh versetzt. Gleich, welche Ideen dem Schütze- ebenso wie etwa dem Widdermenschen gefallen, sie werden seinen Geist beflügeln; und er wird versuchen, sie auch anderen schmackhaft zu machen.

Das Feuerelement verleiht dem Schützegeborenen darüber hinaus einen besonderen Enthusiasmus und eine außergewöhnliche Dramatik. Beobachten Sie einen typischen Schützen mal etwas genauer: Er redet stets mit Armen und Händen und macht weit ausholende Gesten. Man könnte meinen, er ringe mit unsichtbaren Mächten. Seine Einstellung ist expansiv und mündet in grenzenlose Begeisterung, Dramatik und Exzentrizität.

Ein deprimierter Schütze ist eine echte Rarität. Selbst wenn er wirklich einmal bis zum Hals im Schlamassel steckt, findet er immer irgendetwas, was dieser Situation doch auch etwas Positives verleiht. Er hat Geld verloren: Na und? Glück gehabt! Er hätte es sowieso nur für Blödsinn ausgegeben. Er hat sich den Fuß gebrochen? Was für ein Dusel! So konnte er nicht in den Urlaub fahren, der ohnehin völlig verregnet gewesen wäre ...

Heiler und Helfer

Über einen ganz bestimmten »guten« Zentauren, das astrologische Urzeichen des Schützen, kursiert über das bisher Gesagte hinaus eine tragische Geschichte: Der große und kühne Herakles verfolgte einmal eine Horde von Zentauren, die zuvor angegriffen hatten, und beschoss sie mit seinen Pfeilen. Sie flüchteten sich zu ihrem Stammesbruder, dem gütigen, gerechten, weisen Cheiron, der ursprünglich ein thessalischer Gott der Heilkunst war. Ein

Pfeil, der durch den Arm eines Zentauren drang, fuhr aber unglücklicherweise noch in das Knie Cheirons und blieb dort stecken. Herakles erkannte erst jetzt seinen Freund aus früheren Tagen, zog den Pfeil heraus und wandte ein Heilmittel an, das der arzneikundige Cheiron selbst zubereitet hatte. Die Wunde, durchdrungen vom Gift der Galle Hydras, war jedoch unheilbar, und der unsterbliche Cheiron litt fürchterliche Qualen. Schließlich trat er seine Unsterblichkeit an Prometheus ab und wurde von Zeus verstirnt. Cheiron ist heute als das Sternbild des Schützen am Himmel zu sehen.

Nun haben sich zahlreiche Schützen unserer Tage – wie ihr mythologisches Urbild Cheiron – der Heilkunst verschrieben. Es gibt aber noch eine viel erstaunlichere Parallele zwischen den Menschen auf der Erde, die im Zeichen des Schützen geboren sind, und jenem Zentauren: Sie treten insofern in seine Fußstapfen, als Menschen bei ihnen Schutz suchen. Ich denke etwa an Rechtsanwälte und an Therapeuten. Und ich habe sogar schon erlebt, dass Schützen freiwillig ein Schicksal auf sich nehmen, das eigentlich jemand anderem zugedacht war. Ich kenne aus meiner therapeutischen Praxis Fälle, in denen Schützen krank geworden sind, diese Krankheit aber auf sich genommen haben, um von jemand anderem Unheil abzuwenden.

Die Tendenz, für andere zu kämpfen, aber auch für andere zu leiden, ist in jedem Schützen vorhanden. Schützegeborene kommen erfahrungsgemäß fast immer in solchen Familien zur Welt, in denen Leid herrscht. Ich konnte vielfach feststellen, dass in Familien, die im Zweiten Weltkrieg den Vater oder einen Bruder verloren hatten, kurz darauf ein Schütze geboren wurde. Dieser Schütze war dann jedes Mal irgendwie mit dem verstorbenen Bruder oder Vater verbunden. Manchmal bekam er sogar den gleichen Namen. Die Absicht der »Gruppenseele« scheint es also zu sein, ein Wesen zu erschaffen, das die durch den Tod entstandene Lücke füllt und so die ganze Familie heilt.

Schützegeborene erblicken aber auch in Familien das Licht der Welt, in denen in der Vergangenheit großes Unrecht geschah, zum

Beispiel eine Tochter oder ein Sohn nicht anerkannt wurde. Solche Schützen werden dann später ebenfalls Psychotherapeuten, Ärzte oder Rechtsanwälte. Meistens ohne es überhaupt zu wissen, arbeiten sie an aktuellen Fällen, in Wirklichkeit aber an einem Fall aus ihrer eigenen Vergangenheit.

Liebe, Sex und Partnerschaft

Wenn ein Schützemann liebt, dann schlüpft er ein klein wenig in die Rolle des Zeus bzw. Jupiter, er fühlt sich ein bisschen wie ein Gott, der soeben den Olymp verlassen hat, um einer sterblichen Frau die Gunst zu erweisen. Und wenn eine Schützefrau liebt, dann wird sie sich immer ein wenig wie all die Frauen fühlen, die einst vom höchsten Gott Jupiter persönlich heimgesucht wurden. Mit anderen Worten: Liebe mit einem Schützen oder einer Schützin ist das Höchste, man kostet den Himmel, man schmeckt die Ewigkeit, weilt eine Zeitlang im Rosengarten, im Paradies, ist umringt von Lotusblüten, umgeben von Amber-, Moschus- und Narzissenduft.

Schützen wollen die Liebe immer irgendwie kultivieren, sie erheben, ihr eine besondere Note verleihen. Einfach nur zu lieben, das erscheint ihnen uninteressant, banal, billig, niedrig. Der Schützegeborene Osho (Bhagwan), ein indischer Guru, sagte in einem seiner Vorträge polarisierend einmal, dass der Westen selbst in der höchsten Form der Liebe letztlich etwas Schlechtes, Niederes und Negatives sehe. Im Unterschied dazu erkenne der Osten selbst in der niedrigsten Praktizierung der Sexualität – der Prostitution – noch einen göttlichen Funken. Aus dem Osten kommen die Lehre des Tantra und das Buch *Kamasutra*. Darin werden Praktiken beschrieben, mit deren Hilfe mehr Lust beim Liebesakt gewonnen werden kann. Die gezielt geübte sexuelle Praktik führt aber auch dazu, ein höheres Bewusstsein zu erlangen und der Erleuchtung näherzukommen – ein Thema, das Schützegeborenen regelrecht auf den Leib geschrieben ist.

Der Astro-Flirt

Kontakt- und beziehungsfähig ist er, der Schütze, keine Frage, und er bekommt daher in dieser Kategorie ein »sehr gut«. Er liebt die Unterhaltung, ist an seinen Mitmenschen interessiert, aufgeschlossen und freundlich.

Der Schütze hat keinerlei Probleme, Beziehungen einzugehen. Wenn ich mir vor Augen führe, wie leicht es ihm fällt, andere für sich zu interessieren und zu vereinnahmen, denke ich tatsächlich an den Pfeil und Bogen, den sein Tierkreiszeichensymbol in Händen hält: Handelt es sich um eine Art magische Waffe, mit der Schützen Menschen in ihrer Umgebung beeindrucken und gewinnen können?

Sie warten mit einem Flirt- und Eroberungsspiel auf, bei dem man einfach schwach werden muss: charmant, geistreich, witzig, phantasievoll. Auch ihre Wärme und Herzlichkeit, die Nähe, die sie zulassen, macht sie »flirttechnisch« zum Besten, was unter diesem Himmel zu finden ist. Spitzfindige Hinhaltetaktik und Geziertheit stacheln ihren »Jagdtrieb« allerdings nicht an, sondern lassen ihn ganz schnell abkühlen. Denn sie handeln nach dem Motto: »Wenn du willst, umso besser, wenn du nicht willst, auch gut. Das ist für mich keine Tragödie. Denn andere Mütter haben auch schöne Söhne und Töchter ...«

Typische Schützemänner sind kantig, ja, sogar hart, aber jede Frau spürt auf hundert Meter ihr weiches Herz. Schützefrauen tragen bevorzugt Hosen und mimen auch sonst gern »den Mann«. Aber sie sind derart sanfte, weiche, herrliche Gespielinnen, dass ihnen jeder Mann alles nachsieht.

Sind Schützen gut im Bett?

So wie sich ihr großes »Vorbild«, der Gott Jupiter, immer wieder neue Raffinessen einfallen ließ, um bei den Frauen zu landen, so kennt auch der Einfallsreichtum eines Schützen wahrlich keine Grenzen. Er ist ein Meister der Verwandlung, und er spürt ganz genau, ob sein Partner zu einer bestimmten Zeit mehr Zärtlichkeit oder mehr Leidenschaft und Feuer möchte.

Sicher, er will auch seine eigene Lust und Befriedigung, aber sie sind ihm kaum halb so viel wert, wenn nicht ebenso sein Partner den Himmel berührt. Vor allem aber ist er ein geistreicher Liebhaber, also genau das Gegenteil eines Menschen, der den Geschlechtsakt lediglich durchzieht, um sich zu befriedigen. Nein, wie schon erwähnt wurde, sind Schützemenschen Tantriker, Künstler, die ihren eigenen und den Körper ihres Partners mit Musik erfüllen und zum Klingen bringen. Für sie gibt es auch keine Tabus. Und gerade weil sie ja nicht nur körperliche, sondern immer auch geistige Befriedigung suchen, können sie sogar Sexualpraktiken aus dem pornographischen Grenzbereich, Sadomasochismus, Fetischismus und sogar Sex mit mehr als einem Partner ausprobieren, ohne ein »komisches Gefühl« dabei zu haben.

Wer mehr über die Lust und Leidenschaft von Schützen erfahren möchte, braucht nur ein Buch über Tantra oder das *Kamasutra* zur Hand zu nehmen. Dort findet sich alles, was Schützen und ihre Partner glücklich macht: lieben und sich gegenseitig mit Honigfeigen füttern, den Körper mit warmem Öl einreiben und sich wie Schlangen bewegen, sich gegenseitig als »Sexsklave« zur Verfügung stehen und jeden Wunsch erfüllen, nackt voreinander sitzen, ohne sich zu berühren – und dergleichen mehr.

Sind Schützen gute Partner?

Kommen wir jetzt zu ihrer Bindungs- oder Partnerfähigkeit: Dafür gibt's ein glattes »Mangelhaft«. Es ist keineswegs so, dass der typische Schütze sich nicht binden wollte. Er könnte ohne weiteres jeden Monat heiraten und jedes Mal mit tiefster Inbrunst ewige Treue schwören. Aber er hält sich nicht an seine Beteuerungen. Sobald Schützemänner eine andere Frau oder Schützefrauen einen anderen Mann sehen, sind in der Regel alle guten Vorsätze dahin. Wenn sie über längere Zeit in einer Bindung bleiben, dann lässt das höchstens auf einen Mangel an Gelegenheiten schließen als auf Treue. (Die einzige andere Möglichkeit wäre, dass diese Schützen dann ein Mondzeichen oder einen Aszendenten in ihrem

Horoskop haben, die seine Bindungsschwäche etwas mildern, zum Beispiel Steinbock oder Krebs.)
Der Schütze in Reinkultur gehört zu der Kategorie von Menschen, die an ihrer eigenen Hochzeit nach der Brautjungfrau schielen oder sich fragen, ob der junge Pfarrer wohl schon mal »richtig verführt« worden ist. Männer kommen jedenfalls an keiner Frau vorbei, ohne zumindest daran zu denken, mit ihr Liebe zu machen. Und Frauen können nie der Versuchung widerstehen, wenigstens durch Augenkontakt herauszufinden, ob sie den jeweiligen Mann wohl »haben« könnten. Zum realen Vollzug kommt es natürlich sehr viel seltener als in der Phantasie. Aber, wie gesagt, hätte der Schütze unbegrenzt freie Fahrt und müsste er hinterher nicht mit Eifersuchtsszenen rechnen, gäbe es kein Halten mehr.
Soll man so einen Mann oder so eine Frau dann überhaupt heiraten? Wer einen Partner bis zum Ende aller Tage sucht, lässt besser die Finger davon. Andererseits, wer denkt schon an übermorgen, wenn er heute einen derartig charmanten, amüsanten Menschen liebt? Und der Schütze ist ja selbst davon überzeugt, dass er treu ist und sich niemals etwas anderes vorstellen könnte, als diesen einen Menschen, auf den er sich eingelassen hat, immer zu lieben.

So hält man Schützen bei guter Laune

An erster Stelle der Skala von Mitteln zur Aufmunterung eines Schützen steht das Reisen. Jemand, der für ihn ein Flugticket für einen Kurztrip in irgendeine Metropole bucht, jemand, der ihn dazu ermuntert, sich hinters Steuer zu setzen und irgendwohin ins Blaue zu fahren, jemand, der mit ihm am Wochenende in den Bergen wandern möchte – dem legt der Schütze sein Herz zu Füßen.
An zweiter Stelle kommt Unterhaltung. Der Schütze weiß für sein Leben gern alles, aber er ist sich selbst offensichtlich zu gut dazu, sich die Informationen zu beschaffen (meistens hat er aber auch keine Zeit, denn er ist ja ständig unterwegs). Insbesondere lehnt er es zutiefst ab, sich mit Klatsch und Tratsch zu beschäftigen. Aber wenn ihm sein Partner diesen Job abnimmt, die entsprechenden

Gazetten liest, weiß, wer oder was gerade als »in« oder »out« gilt, dann ist er glücklich.

Eröffnen wir jetzt die Negativliste: Was kann ein Schütze nicht leiden? An erster Stelle steht Nörgelei. Weh und ach! Wie lästig findet er einen Partner, der ihm sagt, dass er doch auch manchmal aufräumen oder wenigstens die Butter wieder in den Kühlschrank stellen soll, nachdem er sich sein Brot bestrichen hat. Er? Der große Schütze?

Bei dieser Gelegenheit muss einmal gesagt werden, dass typische Schützen in der überwiegenden Mehrzahl schlicht und einfach schlampig sind. Sie gehören neben den Fischen und den Zwillingen zu den Menschen, die am wenigsten Wert auf Ordnung und ästhetisches Aussehen legen. Warum auch? Ihr Reich ist dem Himmel näher als der Erde. Aber sie liegen damit falsch. Letztlich ist auch das Plätzchen, das sie bewohnen und an dem sie arbeiten, ein Stück »Körper«, das sie mit ihrem Geist durchdringen sollen. Dennoch wimmelt es auf dieser Welt von Schützen, die sich, zumindest solange sie jung sind, keinen Deut um irdische Ordnungsprinzipien kümmern und, wie gesagt, genervt Grimassen schneiden, wenn ihnen das jemand vorwirft.

Des Weiteren reagieren sie sehr allergisch auf Missachtung. Ein Schütze, der nicht wenigstens einmal am Tag hört, dass er der Größte, Schönste, Tollste ist, fühlt sich beleidigt und schärft seine sämtlichen Sinne, um herauszufinden, ob er diese Bestätigung nicht irgendwo anders bekommen kann. Er ist eitel, ja, und es erstaunt, dass es ihm auch nichts ausmacht, wenn man ihm dies sagt. Er muss schon sehr überzeugt sein von sich selbst!

Über die Treue des Schützen

Nein, er ist nicht treu; das wird auch klar sein nach dem, was bisher über den typischen Schützen gesagt wurde. Und wir kennen den Grund: Der Schütze ist beseelt von der Liebe, verliebt in die Liebe; sie ist der Stoff, der nicht nur seinen Körper befriedigt, sondern auch seinen Geist vorwärtsbringt und sein Bewusstsein hebt. Dazu kommt, dass ihm wie allen Feuerzeichen das Beute*machen* viel mehr Freude bereitet als das Beute*haben*; ein »Wild«, das er noch nicht »erlegen« konnte, ist für ihn allemal interessanter als eines – sei es auch noch so attraktiv und nett –, das er schon »hat«.

Nun muss aber zur Ehrenrettung des Schützen etwas hinzugefügt werden: Er ist der geborene Menschenfreund; er kann es nicht einmal mit ansehen, wie ein Tier leidet – und erst recht natürlich nicht, wenn ein Mensch traurig ist, womöglich auch noch seinetwegen. Mit anderen Worten: Ein Schütze treibt es nur so lange kunterbunt, wie ihm sein Partner keinen Riegel vorschiebt. Dies darf jedoch keinesfalls so aussehen, dass Verbote ausgesprochen oder heftige Drohungen gemacht werden. So etwas hält den Schützen niemals davon ab, seinem Bedürfnis nach Freiheit nachzugehen. Wenn er aber spürt, dass sein geliebter Partner wirklich leidet, dass er ihn verletzt mit seinen Eskapaden, dass er jemandem, der ihm sein Vertrauen schenkt, mitten hinein gestoßen hat ins Herz …, dann gelangt er allmählich zur Einsicht, hält sich zurück, vergleicht die Lust, die er bekommen kann, mit dem Schmerz, den er sich dafür einhandelt, und wägt in aller Regel zugunsten seines Partners ab.

Natürlich gibt es immer wieder Rückfälle, aber sie werden seltener. Voraussetzung ist, wie gesagt, dass sein Partner ihm mit dem ganzen Gewicht seiner verletzten Emotionen gegenübertritt. Das berührt sein eigenes Herz, das erreicht vor allem sein ethisches Empfinden, wonach es schier unverzeihlich ist, einem liebenden Menschen solcherart Schmerz zuzufügen.

Letztlich bleibt ein Schütze bei dem Mann oder bei der Frau, dem bzw. der es gelingt, nicht nur sein erotisches Interesse zu wecken, sondern auch sein Moralempfinden und seinen Sinn für Ethik anzusprechen.

Das Eifersuchtsbarometer

»Eifersucht« ist zwar kein Fremdwort für Schützegeborene, doch Tragödien und leidenschaftliche Szenen, bei denen Porzellan zu Bruch geht, erlebt man mit ihnen nicht. Schützen wissen, wie gern sie »von Blume zu Blume flattern«. Und da sie selbst das Gefühl nicht mögen, in Ketten gelegt zu sein, muten sie es auch ihrem Partner nicht zu.

So scheinen sie gar nicht eifersüchtig zu sein, ja, direkt interesselos, wenn ihre Liebsten in ihrem Beisein mit anderen »äugeln«, tanzen, sich stundenlang unterhalten oder begeistert von der neuen Kollegin oder dem Trainer im Fitnessstudio erzählen. Sie werden ihnen auch nie verbieten, mit Freunden oder Freundinnen auszugehen.

Fast ist man da als Partner eines Schützen versucht, es auszureizen, um seinem/seiner Liebsten endlich mal eine Regung zu entlocken. Tun Sie es nicht, Ihr Schütze ist sehr wohl eifersüchtig, er zeigt es nur nicht. Denn dem Partner Grenzen zu setzen passt nicht zu seiner freiheitlichen Einstellung. Er ist der Meinung, der andere müsse selbst wissen, wie weit er gehen kann. Doch geht er zu weit, verletzt dies das Ideal des Schützen. Und ist das erst einmal passiert, dann stirbt auch allmählich seine Liebe.

Wie gut Schützen allein sein können

Der Schütze wird von sich sagen, dass er sehr gut allein sein kann, und eine Geschichte erzählen, wie er während des Studiums in einer winzigen Dachkammer hauste und aus lauter Einsamkeit begann, mit den Tauben zu sprechen. Er wird sagen, dass er zuweilen ganz allein in die Berge geht und dort seine großartigsten Erlebnisse hat, wenn er in ein Gewitter gerät und sich in einer Hütte unterstellen muss. Und er wird davon sprechen, dass letzten Endes ohnehin jeder Mensch allein ist, gleich, ob man auf einer einsamen Insel wohnt oder mitten in der Stadt.

Während er das alles seinem Gegenüber mitteilt und sich sichtlich wohl fühlt in dessen Gesellschaft, schielt er aber noch nebenbei nach allen anderen Menschen in seinem Umfeld. Er mimt also gern den einsamen Wolf oder den Yogi, der tagelang meditiert, aber in Wirklichkeit umgibt er sich ständig mit anderen und gerät in einen kritischen Zustand, sollte er einmal für längere Zeit wirklich allein sein.

Der Schütze ist ein vollkommen soziales Wesen. Aber er hält sich nicht im Zentrum des Geschehens auf, sondern am Rande, so dass er kommen und gehen kann, wann er will. Doch wehe, die Tür ist einmal zu, der Einlass versperrt: Dann bekommt er fast einen Nervenzusammenbruch, er zweifelt an sich und freundet sich unter Umständen mit Zeitgenossen an, um die er sonst einen weiten Bogen machen würde.

Man kann auch sicher sein, dass ein Schütze garantiert nicht lange allein bleibt, wenn man ihn verlässt oder er eine Partnerschaft beendet. Ich konnte es beispielsweise in einer Partnertherapie erleben, dass der Schützemann sagte, er müsse sich unbedingt sammeln, er wisse nicht mehr richtig, wo ihm der Kopf stehe und ob er seine Frau noch liebe. Man vereinbarte eine einwöchige Trennung: Die Frau reiste zu ihrer Freundin, der Schütze blieb allein zurück mit dem festen Vorsatz, über sich nachzudenken. Als die Frau zurückkam, hatte sich der Schütze in eine andere verliebt …

Weibliche Schützen auf dem Prüfstand

Wenn Sie eine Schützefrau lieben, ist von Anfang an eines sehr wichtig für Sie zu wissen: Diese Frau gehört Ihnen nicht allein. Sie kann zum Beispiel einer bestimmten Religionsgemeinschaft angehören. Vielleicht ist Sie auch eine Sportlerin und trainiert manchmal stundenlang mit ihrem Lehrer (der sie überall anfassen darf und bei dem sie alles macht, was er sagt …). Möglicherweise zieht sie sich auch manchmal einfach zurück und hängt ihren Phantasien nach, die alle von einer besseren Welt handeln. Eventuell müssen Sie diese Frau mit einem Hund oder mehreren Katzen teilen, die genau wie Sie selbstverständlich am Abend in ihr Bett steigen. Auch ist es möglich, dass sie immer wieder von ihrem Idol erzählt, einem Schauspieler, einem Sportler, einem Musiker, die sie alle sofort heiratete, wenn sie vor ihrer Tür stünden.

All dies hat nichts damit zu tun, dass sie, die Schützefrau, Sie nicht genügend liebte. Sie braucht einfach diese Freiräume, sie geben ihr das Gefühl, nicht nur ein gewöhnliches, »stinknormales« Leben zu führen. Eine Schützefrau steht, bildlich gesprochen, mit einem Fuß hier auf dieser Erde und unmittelbar neben ihrem Mann. Mit dem anderen Fuß steht sie auf einem fremden Planeten, in einem Kloster im Himalaja oder in einem orientalischen Harem – daran müssen Sie sich gewöhnen, wenn Sie eine Schützin lieben.

Gewöhnungsbedürftig ist wahrscheinlich ebenso ihr Kartoffelsalat, der nicht im Entferntesten an den Ihrer Mutter herankommt. Auch der Schweinebraten schmeckt zäh. Aber die Spaghettisauce, die diese Schützefrau auf den Tisch zaubert, ist perfekt, und die Nudeln sind al dente. Bei ausländischen Gerichten ist sie eben besser als Ihre Mutter. Die Geschichte mit dem Kartoffelsalat kriegt sie auch irgendwann geregelt. Aber den Schweinebraten müssen Sie wahrscheinlich ganz von Ihrer Speisekarte streichen: Tiere kommen bei einer richtigen Schützin früher oder später nur lebendig – das heißt als ihr Hund oder ihre Katze – in die Küche und wieder heraus.

Wovon Sie auch mit größter Wahrscheinlichkeit ausgehen können, ist, dass Sie eine Emanze an Ihrer Seite haben. Das heißt nicht unbedingt, dass sie aktiv in der Frauenbewegung tätig ist. Sie lebt das ganz praktisch, läuft meistens mit Hosen herum, findet Röcke »doof«, lässt sich partout nicht davon abhalten, Motorrad zu fahren, und denkt vielleicht ernsthaft darüber nach, am Sonntagmorgen, wenn Sie mit Ihren Kumpels Fußball spielen, im Tor einer Mannschaft zu stehen. Kommen Sie ihr auch nicht mit Attitüden von gestern, wonach ein Mann das Lokal zuerst betritt oder die Frau immer auf dieser oder jener Seite gehen lässt. Die Schützedame hält nicht viel vom klassischen Unterschied zwischen Mann und Frau, und sie stellt sich, wenn sie sich schon entscheiden muss, garantiert auf die Seite der Männer.

Wenn Sie aber eine Frau suchen, die Sie morgens schon wie ein Sonnenschein anlacht, die mit Ihnen wandert und nicht nach zwei, drei Kilometern zu jammern anfängt. Wenn Sie davon träumen, einmal im eigenen Wohnmobil die Welt zu umrunden, und einen Beifahrer suchen. Wenn Sie Sex nicht nur als »Befriedigung« verstehen, sondern bereit sind, ihn als ein magisches Vehikel zu betrachten, mit dem man in den Kosmos abheben kann. Wenn Sie nächtelange Diskussionen über Gott und die Welt nicht fürchten. Wenn Sie bereit sind, eventuelle Partnerprobleme auch einmal in einer gemeinsamen Therapie zu erörtern – dann haben Sie dafür die einzig richtige Frau.

Männliche Schützen auf dem Prüfstand

Nehmen wir an, Sie haben sich in einen Schützemann verliebt. Was nun? Sollen Sie ihn nach dem bisher Gesagten am besten gleich wieder vergessen, weil er ohnehin nicht lange bei Ihnen bleiben wird? Haben Sie stündlich damit zu rechnen, dass Sie ihn mit einer anderen ertappen? Müssen Sie jetzt etwa »Räuber und Gendarm« spielen, wobei Ihnen die undankbare Aufgabe zufällt, Letzterer zu sein? Oder geht es einfach darum, dass Sie die richtigen taktischen Maßnahmen ergreifen, um diesen Mann nicht mehr zu verlieren?

Legen Sie solche Gedanken beiseite! Vertrauen Sie der Liebe! Dem Himmel sei Dank, sie folgt eigenen Gesetzen – und, davon bin ich überzeugt, bei einem Schützen noch in viel stärkerem Maße. Ich will damit sagen, dass Sie die Geschehnisse ohnehin nicht mehr beeinflussen können, wenn einmal Liebe im Spiel ist und der Schützemann einen wesentlichen Part darin besetzt. Genießen Sie diesen Herrn! Er wird Ihr Herz öffnen. Er wird Ihnen zeigen, was Liebe ist. Er wird Sie sehr glücklich machen und Ihnen Erlebnisse bereiten, die Sie bei keinem anderen Mann finden.

Auf der anderen Seite sollten Sie es nicht so ernst nehmen, wenn er Ihnen von seinen zig anderen Frauen erzählt, die er schon »gehabt« hat. Das hat überhaupt nichts zu sagen. Er will damit weder prahlen noch Ihnen Angst machen. Er will damit schlicht und einfach nur sagen, dass sie alle nichts zählen im Vergleich zu der Liebe, die er jetzt zu Ihnen verspürt. Hören Sie ruhig zu und nicken Sie dabei, wenn er Ihnen erzählt, dass er ein freier Mann ist und sich niemals richtig binden will. Erstens ist er kein freier

Mann, und zweitens sucht er sehr wohl eine Bindung. Aber das ist alles unwichtig. Was allein zählt, ist Ihr Gefühl! Lassen Sie ihn spüren, dass Sie ausschließlich Ihrem Herzen folgen. Das ist erstens richtig und beeindruckt ihn zweitens ungeheuer.

Es kann sein, dass Sie dieser Mann eines Tages verlässt, aber Sie werden immer mit einem warmen Herzen an ihn denken. Es ist sogar möglich, dass dieser Mann »Ihnen ein Kind macht« und Sie – wie es heißt – sitzenlässt. Aber irgendjemand wird dann für dieses Kind sorgen. Ich zumindest kenne niemanden, der einen Schützen zum Vater hat und nicht wunderbar versorgt worden, prima aufgewachsen und ein »richtiger Mann« oder eine »richtige Frau« geworden wäre.

Wie klappt's mit den anderen Sternzeichen?

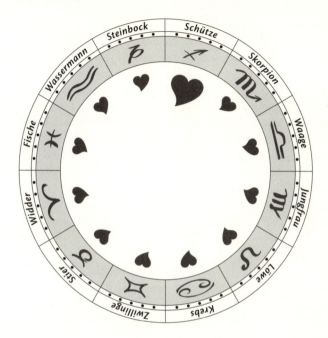

Sich zu kennen ist erst die eine Hälfte des Wegs zum Glück. Die andere Strecke muss auch noch zurückgelegt werden. Dabei geht es darum, seine Mitmenschen, besonders den Partner – das »Du« –, zu erforschen. Erst wenn man beides kennt, sein »Ich« und sein »Du«, verfügt man über die Voraussetzungen für eine funktionierende Beziehung und ein befriedigendes Liebesleben.

Mit jedem Vertreter des Zodiaks erwartet einen etwas anderes. Man selbst bleibt zwar immer der oder die Gleiche. Aber weil das Gegenüber wechselt, verhält man sich anders, je nachdem, um welches Tierkreiszeichen es sich handelt.

In der Astrologie sind nun bestimmte Erkenntnisse und Regeln zusammengestellt, die dabei helfen können, mit den verschiedenen potenziellen Partnern besser umzugehen, gemeinsam mehr

Spaß zu haben, Konflikte zu vermeiden, erfüllter zu lieben und zu leben und länger zusammenzubleiben.

Zuvor ist jedoch noch etwas Grundsätzliches zu sagen: Viele Menschen haben den Eindruck, der Sternenkunde zufolge gäbe es Kombinationen, die gut funktionieren, und andere, die »floppen«. Das ist so falsch. Es gibt keine Verbindung, die unmöglich ist. Mit anderen Worten, als Schützegeborener kann man mit allen, egal, ob Widder, Löwe oder Wassermann. Allerdings verlangt jede Partnerschaft einen bestimmten »Preis«. Bei manchen Kombinationen heißt der Preis Ruhe oder Entspannung, bei anderen braucht man vielleicht mehr Zeit. Auch ist es von Fall zu Fall möglich, dass man mit einem bestimmten Partner in eine Krise gerät und dann etwas unternehmen muss, um sie gemeinsam zu bewältigen. Es gibt keine Beziehung, die nur positiv ist. Es gibt allerdings solche, die bequemer sind als andere. Wer aber will entscheiden, ob Bequemlichkeit in jedem Fall ein erstrebenswertes Gut ist?

Die Astrologie kann dabei helfen, ein erfülltes Leben in der Partnerschaft zu finden. Doch der Mensch verliebt sich – dem Himmel sei Dank – mit dem Herzen. Das Herz ist allemal stärker als irgendwelche Prinzipien, die unter Umständen sogar noch dogmatisch ausgelegt werden. Deswegen sollte man im Zweifelsfall immer auf seine eigene innere Stimme hören, damit nicht aus einer guten Sache, die die Astrologie ja nun mal ist, für Einzelne ein Hindernis auf ihrem Weg zum Glück wird.

Gegensätze ziehen sich an: Schütze und Zwillinge

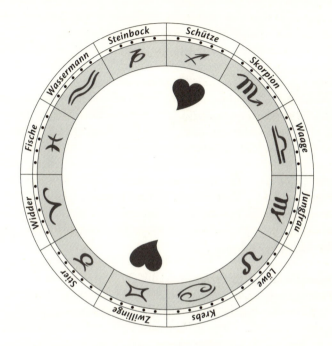

Zwischen dem Schützen und den Zwillingen, seinem Gegenzeichen (man nennt es auch »Oppositionszeichen«), liegt im Tierkreis die größtmögliche Distanz. Das bedeutet symbolisch, dass zwischen beiden der größte Unterschied besteht. Kein Vertreter des Zodiaks unterscheidet sich stärker von einem Schützen als die Zwillinge. Von daher könnte man annehmen, Schützegeborene hätten mit solchen Menschen wenig zu tun. Aber das ist ein Irrtum. Der Astrologie zufolge sind zwei sich gegenüberliegende Zeichen zwar so verschieden wie Plus und Minus, aber sie ziehen sich auch an wie der positive und der negative Pol eines elektromagnetischen Feldes. Es fließt also sofort »Strom«, wenn sich Schütze und Zwillinge begegnen.

Es ist ungefähr so, als würde man auf einer Reise in ein weit entferntes Land Menschen treffen, die zwar völlig anders sind als man selbst, die einen aber faszinieren, interessieren und anziehen – als kennte man sie aus irgendeiner fernen Zeit her genau.
Der Kosmos »will« eben, dass man sich nicht in sein Ebenbild, sondern in seine Ergänzung verliebt. Letztlich sind ja auch Mann und Frau verschieden, und just aus dieser Verschiedenheit heraus erwächst die unwahrscheinliche Spannung, die Gefühle weckt, welche stärker sein können als alles andere auf der Welt.
»Du hast alles, was mir fehlt …!« Das ist die richtige Einstellung zu seinem Gegenzeichen – und: »Zusammen sind wir ganz, so wie zwei Kreishälften einen vollständigen Kreis bilden.« Schützen, die Zwillingen gegenüber eine grundsätzliche Ablehnung hegen, sollten sich dieses astrologische Gesetz der Liebe immer wieder vor Augen halten und in sich hineinspüren. Ganz sicher finden sie eine Resonanz, ein Gefühl von Neugierde und tiefem Interesse, das sie bisher vielleicht nur noch nicht wahrgenommen haben.

Was die Sterne über Schütze und Zwillinge sagen

Der Schütze ist, wie schon gesagt wurde, ein Jäger, für den die »Jagd« nach potenziellen Liebhabern und deren Eroberung das Höchste darstellt. Und wie bei jedem Jäger erlahmt die Aktivität, nachdem die Hatz erfolgreich war und die Beute »erlegt« ist. Er eignet sich also bestimmt nicht als Partner für eine konventionelle Beziehung; und er scheut sich häufig, eine Ehe einzugehen, weil er befürchtet, dass er sich danach wie in einem Gefängnis fühlt.
Zwillinge stehen ihm darin in gewisser Weise in nichts nach. Allerdings ist für sie nicht die Jagd das Schönste an der Liebe, sondern der Wechsel. Man kann sie mit Schmetterlingen vergleichen, die von einer Blüte zur anderen schweben und nirgends lange verweilen. Insofern treffen sich zwei »ebenbürtige« Partner: Beide sind bindungsscheu, beide suchen das Vergnügen und die Lust.
Eine Beziehung kann dann entstehen, wenn jeder jeweils für den anderen so interessant ist, dass er den Entschluss fasst, bei ihm zu bleiben. Für Zwillinge muss also ein Schütze so viel bieten, so viel

Abwechslung parat haben, dass sie die anderen vergessen können. Und Zwillinge wiederum müssen für einen Schützen – auch wenn sie »erlegt« sind – immer wieder eine Überraschung in petto haben, so dass des Schützen Jagdfieber nie erlahmt. Tatsächlich verstehen es die beiden, genau in der Weise miteinander umzugehen. Es entsteht eine Beziehung, die lange anhält und die durch Kinder noch stabiler und spannender wird.

Das kleine Liebesgeheimnis

Gegensätze ziehen sich an. Und was am weitesten voneinander entfernt liegt, kann sich auch am nächsten liegen. Liebe ist gerade die goldene Brücke zwischen Gegensätzen. Sie macht uns ganz, weil sie das bringt, was uns selbst fehlt. In der Astrologie heißt es (und dies ist die Botschaft aller esoterischen Lehren), dass jedes Singuläre und Vereinzelte das Bestreben hat, ganz zu werden. Dieser Wunsch kann umso größer sein, je mehr sich der eine Mensch vom jeweils anderen unterscheidet. Und entsprechend stärker ist die Liebe.

Das gilt in besonderer Weise für eine Beziehung zwischen Schützen und Zwillingen. Aber das ist auch eine generelle Gesetzmäßigkeit. Denn jeder andere Mensch, gleich, welchen Tierkreiszeichens, wird in irgendeiner Hinsicht ganz anders sein als Sie. Wenn Ihre Herzdame oder Ihr Herzbube ein Zwillingegeborener ist, sollten Sie diese Verschiedenheit also nicht von vornherein als Störung und Hindernis betrachten, sondern als Chance, noch tiefer, noch umfassender zu lieben.

Knapp vorbei ist auch daneben:
Schütze und Stier · Schütze und Krebs

In diesem Abschnitt geht es um die Beziehung zu zwei Zeichen, die unmittelbar neben dem Gegenzeichen, den Zwillingen, liegen: um Stier und Krebs. Diese beiden befinden sich ebenfalls sehr weit vom Zeichen Schütze entfernt.

Man sollte also annehmen, auch zwischen Schütze und Stier einerseits und Schütze und Krebs andererseits existiere eine ähnliche »Anziehung und Abstoßung«. Aber wieder hat die Astrologie eine Überraschung parat: Diese Beziehungen sind schwierig und funktionieren nur unter Vorbehalt. Die Ursache liegt in der unterschiedlichen Grundstimmung. Schütze ist, was das Element betrifft, ein Feuerzeichen. Stier ist ein Erd- und Krebs ein Wasserzeichen. Zwischen Feuer einerseits und Erde bzw. Wasser andererseits bestehen schwerwiegende Differenzen des Erlebens und Verhaltens. Man kann sich das wieder ungefähr so vorstellen, als begegnete man auf einer Reise in ein fernes Land Menschen, die völlig anders sind als man selbst. Aber dieses andere empfindet man zunächst nicht als reizvoll, anziehend und aufregend, sondern es erweckt erst einmal Vorbehalte und stößt auf Ablehnung. Mit einem Wort, man ist sich fremd und findet auf Anhieb keine Möglichkeit, dieses Befremdliche aus dem Weg zu räumen.

Sollte man dann Menschen mit diesen beiden Tierkreiszeichen meiden? Die Antwort lautet natürlich: »Nein!« Denn es gibt auch zahlreiche Gründe, die *für* eine Beziehung mit ihnen sprechen. So lernt man im Umgang mit derartig fremden Naturellen in der Regel sehr viel mehr als mit solchen, die einem vertraut sind.

Es kommt auch vor – und dies passiert gar nicht so selten –, dass es das eigene Schicksal zu sein scheint, gerade Menschen zu lieben, die aus einer völlig konträren Welt kommen. Zum Beispiel kann es sein, dass es in der Familiengeschichte schon einmal oder mehrmals ein derartiges Zusammenkommen mit Fremden gegeben hat (Eltern oder Großeltern etwa können ebenfalls eine solche Beziehung gehabt haben, so dass man seine eigene Existenz diesem Wagnis verdankt).

Doch wie auch immer, man muss wissen, dass man hier keine leichte und bequeme Lösung gewählt hat und nicht erwarten kann, dass sich diese Beziehung ohne Probleme gestalten wird.

Was die Sterne über Schütze und Stier sagen

Wie gesagt ist der typische Schütze seiner Natur nach ein Jäger, der Liebe mit Jagen und Erobern gleichsetzt – und der an keinem andersgeschlechtlichen Wesen vorbeikommt, ohne Gelüste zu entwickeln. Der Stier ist zwar genauso sinnlich, vielleicht sogar noch liebestoller, aber er braucht dafür keine ständige Neureizung, sondern vergnügt sich gern und oft am Bewährten und Bekannten. Ihm ist sogar nichts lieber als Routine.

Hinzu kommt, dass der typische Stier in den Augen eines waschechten Schützen ein »schnöder Materialist« ist: Nur das, was jener zählen, riechen, schmecken und fühlen kann, hat vor ihm Bestand. Umgekehrt ist der Schütze aus der Perspektive des Stieres ein Phantast, ein Kind, das nie erwachsen wird, einer, der mit den Wolken tanzt.

Daher ist ein Stier meistens nur dann bereit, eine Verbindung mit einem Schützen einzugehen, wenn er sich unerfüllt fühlt, ausbrechen will. Aber in den meisten Fällen lässt sich kein Schütze von einem Stier halten, auch wenn dieser ihm das Paradies auf Erden herbeizauberte. Und kein Stier wartet auf einen Schützen, der ständig irgendwo ist, nur nicht bei ihm. Doch wenn sich der praktische Realitätssinn des Stieres mit den weitgespannten Zielen des Schützen verbinden lässt, findet sich bei dieser Kombination ein Paar, das sich gegenseitig auch sehr ergänzen kann.

Was die Sterne über Schütze und Krebs sagen

Der Schütze ist ein Idealist und Schwärmer. Er sucht Abenteuer, auch und sogar besonders in der Liebe. Sein Pfeil und sein Bogen symbolisieren unter anderem die Sehnsucht, Partner zu »jagen« – und sie, nachdem er sie einmal »erbeutet« hat, »links liegenzulassen«.

Obwohl sich Krebs und Schütze gut verstehen – beide sind einfühlsam, umsichtig, tolerant und gehen gefühlvoll miteinander um –, ist der Schütze daher sicher nicht der geeignete Kandidat für eine Beziehung, nach der sich ein typischer Krebs so sehr sehnt. Der verwechselt Liebe nämlich niemals mit Jagd. Und Treue und Beständigkeit sind für einen Krebs beinah am wichtigsten in einer Beziehung. Für den waschechten Schützen hingegen stellt sich eine ausschließliche Beziehung mit einer einzigen Person sehr schnell wie ein Gefängnis dar. Er wird ja von Fernweh geplagt, und wenn er bei einem Krebs immer zu Hause bleiben sollte, so verlöre das Leben für ihn an Sinn.

Der Krebs sollte ihm zeigen, dass man auch nach innen, in das Reich der Gefühle reisen kann und dort mindestens genauso großartige Dinge findet. Und was die Treue betrifft, so muss der Krebs den Schützen lehren, dass eine »Jagd« auch mit demselben Menschen immer wieder aufs Neue spannend sein kann, da es gilt, den anderen jedes Mal wieder zu erobern.

Das kleine Liebesgeheimnis

Wenn Sie als Schütze jemanden kennen oder lieben, dessen Tierkreiszeichen Stier oder Krebs ist, dann sollten Sie sich sagen, dass es bestimmt Gründe gibt, warum Sie gerade diesem Menschen begegnet sind. Lernen Sie von ihm, dass das Fremde kein Hinderungsgrund für eine tiefe Liebe sein muss. Gehen Sie davon aus, dass Sie zusammen einen zwar schwierigen, aber unglaublich interessanten Weg einschlagen können.

Versuchen Sie immer wieder, die Situation aus den Augen dieses anderen Menschen zu betrachten, sie mit seinen Ohren zu hören und mit seinen Gedanken zu erfassen. Lernen Sie dadurch eine Welt kennen und lieben, von der Sie sonst vielleicht kaum je etwas erfahren hätten.

Ein Vertrauter in der Fremde:
Schütze und Widder · Schütze und Löwe

Zwischen dem Tierkreiszeichen Schütze und den beiden Abschnitten Widder einerseits und Löwe andererseits besteht auf dem Zodiak eine relativ große Distanz. Man könnte daher vermuten, dass auch Widder- und Löwegeborene mit einem Schützen nicht so leicht warmwerden und dass eine Liebesbeziehung, wenn überhaupt, nur unter großen Schwierigkeiten und mit zahlreichen Hindernissen möglich ist. Aber nach astrologischen Erkenntnissen verhält es sich genau umgekehrt. Schütze und Widder bzw. Löwe verstehen sich in der Regel auf Anhieb und können ohne weiteres eine lebenslange, erfüllte Beziehung führen.

Es ist, als würden wir auf der bereits erwähnten vorgestellten Reise weit in der Ferne plötzlich jemanden treffen, der aus derselben

Stadt kommt und dieselben Menschen kennt wie wir. Man fühlt sich sofort verstanden, hat Gesprächsstoff und ist glücklich, in der Fremde jemandem zu begegnen, der die gleiche Sprache spricht. Das schafft von vornherein Vertrauen, Sicherheit und Nähe.
Der Astrologie zufolge kommen diese Tierkreiszeichen besonders gut miteinander aus und können langjährige Beziehungen eingehen. Ja, es ist eine der klassischen Beziehungen für eine Heirat und Familiengründung.

Was die Sterne über Schütze und Widder sagen
Beide sind Feuerzeichen, beide sind temperamentvoll, leidenschaftlich. Wenn sie zusammenkommen, so verdoppeln sich das Feuer und ihre Leidenschaft: Man ist dem Himmel nah, fühlt sich verstanden, geliebt, erfüllt …
Feuerzeichen sind aber auch besonders unabhängige Geschöpfe, die sich ungern festlegen. Diese Eigenschaft »verdoppelt« sich natürlich ebenfalls. Von daher ist die Beständigkeit nicht sehr groß. Eine Beziehung ist für sie primär ein Abenteuer. Beide lieben die Freiheit, lassen sich ungern sagen, was sie zu tun haben, und brauchen Ziele, die sie begeistern. Ein »heiliger Krieg« kann dann entstehen, wenn einer der beiden den Kürzeren zieht (was in einer traditionellen Partnerschaft die Frau ist, die ihr Feuer zu Hause leben muss).
Diese Beziehung braucht ein echtes »Demokratieverständnis«. Es ist ganz wichtig für die beiden, dass sie lernen, einander still und aufmerksam zuzuhören und bei unterschiedlichen Meinungen einen Kompromiss zu suchen.

Was die Sterne über Schütze und Löwe sagen
Der Schütze ist der geborene Idealist. Er sucht das Abenteuer und scheut sich oft, eine Ehe oder eine feste Bindung einzugehen, weil er dies bekanntlich als »Fesselung« interpretiert. Auch der Löwe steht einer endgültigen Festlegung zunächst skeptisch gegenüber, aber eher deswegen, weil es ihm nicht behagt, gegängelt zu werden und Kompromisse einzugehen.
In einer solchen Verbindung treffen also zwei Individualisten, Feu-

erzeichen, starke Persönlichkeiten, ausgeprägte Charaktere aufeinander, die sich gut verstehen und gegenseitig fördern. Beide sind sich ebenbürtig und sehr ähnlich. Sie neigen zu großen Plänen und kochen nicht gern auf kleiner Flamme. Allerdings besitzen beide auch ein ziemlich »dickes Ego«, das heißt, sie sind stolz und nicht gerade wenig von sich selbst eingenommen: Sie sonnen sich gern im eigenen und im Glanz des jeweils anderen. Der Löwe ist dabei zwar selbstbewusster und selbstsicherer als der Schütze, dieser fühlt sich aber wiederum dem Löwen insofern überlegen, als er viel weiter im Tierkreis »fortgeschritten« ist und das, was der Löwe in diesem Leben gerade erfährt, bereits als Erfahrung in sich trägt.

Man ergänzt sich, und man versteht sich also. Woran es in dieser Beziehung allerdings mangelt, ist das Polarisierende und das Andersgeartete. Mit anderen Worten, beide Menschen versuchen, sich in der Kunst des guten und erfolgreichen Lebens möglichst zu übertreffen. Aber es fehlen der Widerspruch und damit die Spannung, die eine Partnerschaft auf Dauer lebendig hält. Daher sollte man nicht auch noch bestehende kleine Unterschiede und Spannungen großzügig überspielen, sondern den Zeigefinger darauflegen und sie aufarbeiten.

Das kleine Liebesgeheimnis

Wenn Sie als Schützegeborener jemanden kennen oder lieben, dessen Tierkreiszeichen Widder oder Löwe ist, dann können Sie sehr glücklich sein. Sie haben einen Menschen an Ihrer Seite, der beides mitbringt: genügend Ähnlichkeit und Übereinstimmung einerseits und ausreichend Unterschiedliches und Fremdes andererseits. Ihre Beziehung wird nicht langweilig und einschläfernd.

Sollten Sie dennoch einmal über Eintönigkeit klagen, dann brauchen Sie nur gemeinsam Ihre Siebensachen zu packen und zu verreisen. Sobald Sie Ihre gewohnte Umgebung verlassen, Grenzen überschreiten, gemeinsam in einem Hotelbett liegen, kommen Liebe und Leidenschaft zurück – und es ist wie am allerersten Tag.

Das verflixte Quadrat:
Schütze und Jungfrau · Schütze und Fische

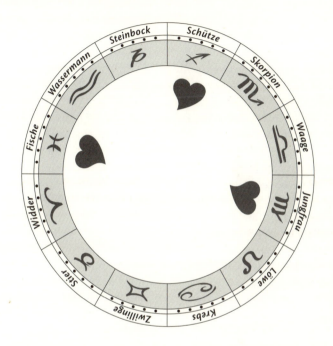

Eine Frau betritt einen Raum, ein Café zum Beispiel, in dem sie noch nie war, was schon von vornherein leicht befremdliche Gefühle und Unsicherheit bei ihr ausgelöst hat. Sie freut sich, da sie einen leeren Tisch sieht, und setzt sich dorthin. Doch dann bemerkt sie aus den Augenwinkeln heraus, dass jemand sie von der Seite anschaut. Sie blickt schnell hoch, doch der (oder die) andere sieht weg. Sobald sie sich aber wieder mit der Speisekarte oder einer Zeitschrift beschäftigt, wiederholt sich das Spiel: Die Frau fühlt sich beobachtet. Dieser Mensch beginnt ihr auf die Nerven zu gehen, aber da ist auch eine gewisse Neugierde, wer denn diese andere Person sein mag. Kennen sie sich vielleicht von irgendwoher? Ob alles auf einer Verwechslung beruht? Oder ob der andere vielleicht schräge Absichten hegt?

Ungefähr so gestaltet sich die Kontaktaufnahme zwischen dem Zeichen Schütze und jenen, die im Zodiak in einer quadratischen Beziehung (einem Winkel von 90 Grad) zu ihrem Zeichen stehen, also Jungfrau und Fische. Es besteht Interesse und Ablehnung zugleich. Man kennt sich, ohne zu wissen, woher. Man ist interessiert und irritiert. Man weiß nicht, ob man bleiben oder gehen soll.

Der Astrologie zufolge sind Beziehungen auf der Basis eines Quadrats sehr schwierig, stehen unter Spannung, erzeugen Konflikte, schaden der Liebe, stören sie, führen zu einer Trennung oder lassen überhaupt keine Bindung zu. Sollte man dann nicht um solche Tierkreiszeichen besser einen weiten Bogen machen?

Das kann man so nicht sagen. Das Herz entscheidet sich, wie wir wissen, manchmal gerade für einen derartigen Partner. Es existieren auch zahlreiche solcher Liebesbeziehungen. Manche halten sogar ein ganzes Leben lang. Aber sie sind nicht einfach. Mit einem Jungfrau- oder Fischepartner werden Schützen das Gefühl nie richtig los, dass sie sich nicht entspannen, sich nicht völlig gehen lassen können. Ein bisschen sieht immer alles nach Arbeit und nach Problembewältigung aus. Hier soll eine schicksalhafte Aufgabe gelöst werden.

Das ist meist auch der tieferliegende Sinn einer derartigen Beziehung. Man muss etwas lernen, bewältigen, in Ordnung bringen. Es gibt Astrologen, die behaupten, solche Bindungen hätten bereits in einem früheren Leben existiert. Damals aber habe man Fehler gemacht, sich nicht respektiert oder was auch immer. Daher müsse man in diesem Leben wieder zusammenkommen, um etwas gutzumachen. Wer weiß ...?

Sicher ist, dass Schützen mit einem Jungfrau- oder Fischegeborenen etwas lernen. Sie können auch gar nicht anders, wenn ihre Beziehung Bestand haben soll. Eine derartige Partnerschaft ist sogar vorzüglich dafür geeignet, sich persönlich zu entwickeln, aber auch Karriere zu machen. Unbewusst »schiebt« einen der

Jungfrau- oder Fischegeborene sozusagen regelrecht auf der Karriereleiter aufwärts. Es kann genauso gut umgekehrt sein, dass Schützen ihren Partner nach oben puschen. Die Karriere bzw. der Beruf ist dann etwas, woran sich die Spannung innerhalb einer »Quadratbeziehung« entladen kann.

Eine andere Möglichkeit ist die, dass Paare mit einer derartigen Tierkreiszeichen-Konstellation Kinder bekommen, die dann (auf positive Weise) ebenfalls als »Spannungslöser« wirken. Auch ein guter Freund oder enger Bekannter, sogar ein Haustier wie ein Hund oder eine Katze kann diese Rolle übernehmen.

Was die Sterne über Schütze und Jungfrau sagen

Bei dieser Beziehung gibt es häufig ganz schnell einen Verlierer. Entweder ist es die Jungfrau, weil sie sich gegenüber dem pompösen, prächtigen, weltoffenen, feurigen Schützen wie ein Mauerblümchen vorkommt, das der Schütze bei nächster Gelegenheit vergisst. Oder es ist der Schütze, der von der Jungfrau gnadenlos niedergemacht wird, weil sie ihn wieder einmal dabei ertappt hat, dass er an ein »Hirngespinst« glaubt. Hier geistiger Höhenflug – dort praktischer Realismus. Hier Horizonterweiterung – dort Horizontbegrenzung. Hier Großzügigkeit und Verschwendung – dort Sparsamkeit und Recycling.

Natürlich können beide Partner voneinander sehr viel lernen, ja, im Grunde bräuchte jeder just die Art des anderen. Aber da müsste auch jeder über seinen eigenen Schatten springen können!

Es bestehen allerdings viele kleine Brücklein zwischen den beiden Tierkreiszeichen, wovon der Humor ein ganz besonderes ist. Ich kenne beispielsweise ein als Therapeuten arbeitendes Ehepaar mit dieser Konstellation. Sie leben seit Jahren zusammen und führen gemeinsam Managementseminare durch. Ich habe sie einmal in einem Seminar erlebt, wie sie gegeneinander Position bezogen und sämtliche Teilnehmer schon fast in Panik gerieten, weil sich ihre beiden Leiter dermaßen in die Wolle bekamen. Dann machte irgendjemand einen Witz, und die Konfrontation entlud sich in befreiendem Gelächter ...

Was die Sterne über Schütze und Fische sagen

Im Grunde ähneln sich typische Vertreter dieser beiden Tierkreiszeichen sehr: Sie sind Idealisten, Schwärmer, offen, dem Himmel näher als der Erde und beseelt von dem Willen, anderen zu helfen. Was den Sex betrifft, geben sie sich frei, experimentierfreudig und voller Sehnsucht, in der Vereinigung die verlorene Ganzheit wiederzuerlangen. Sogar ihr Verhältnis zu Partnerschaft und Ehe scheint ähnlich zu sein, sie wollen sich nämlich »keine Fesseln anlegen« lassen!

Trotzdem ist eine Beziehung zwischen den beiden in 99 Prozent aller Fälle ein Desaster. Denn im Schützen lodert das Element Feuer – drängend, ungeduldig, und er ist begierig, zu verbreiten, was ihn entflammt hat (das heißt seine Anschauungen). Fische hingegen ist ein Wasserzeichen – in sich gekehrt, die Dinge erspürend, behutsam und introvertiert. Das führt dazu, dass der Schütze den Fischegeborenen nach der anfänglichen »Liebeshochphase« für einen komplizierten Softie, einen Schwächling und Verdränger hält. Der Fischepartner wiederum erachtet mit der Zeit den anderen als »aufgeblasenen Besserwisser«, der lieber vor seiner eigenen Tür kehren sollte ...

Das eine Prozent derartiger Paare, bei dem die Partner den Weg ins Reich des jeweils anderen finden, lebt allerdings eine Beziehung vom Feinsten: eine Gemeinschaft so tief wie das Meer und so pulsierend wie das Leben.

Das kleine Liebesgeheimnis

Wenn Sie als Schütze einen Menschen kennen oder lieben, dessen Tierkreiszeichen Jungfrau oder Fische ist, haben Sie einen eher schwierigen Partner gewählt. Aber das muss in gar keiner Weise etwas Negatives sein. Wer will beurteilen, ob Beziehungen immer locker und leicht sein sollen? Lernen wir nicht alle aus dem, was schwierig, problematisch, unangenehm ist? Und das bedeutet ja auch keineswegs, dass Sie mit einem derartigen Partner nicht auch Ihr Glück finden.

Nur Folgendes sollten Sie wissen: Diese Beziehung braucht Kraft und Mut. Sie ist keine Angelegenheit, die so nebenbei läuft. Sie müssen sich immer wieder auseinandersetzen, zueinanderfinden, Ihre Unterschiede betonen und dennoch kompromissbereit sein.

Und Sie dürfen eines niemals vergessen: Sie sind diese Beziehung freiwillig eingegangen, Sie können sie notfalls auch wieder beenden. Es ist Ihre immer wieder neue Entscheidung (und natürlich auch die Ihres Partners), ob Sie zusammenbleiben wollen. Sie müssen sich nicht bis zur Selbsterschöpfung aufreiben.

Gute Freunde und mehr:
Schütze und Waage · Schütze und Wassermann

Die beiden Tierkreiszeichen Waage und Wassermann sind dem Abschnitt Schütze sehr nah, lediglich ein einziger Abschnitt des Zodiaks liegt jeweils dazwischen. Von daher darf man erwarten, dass es sich bei einem Waage- oder Wassermannpartner um jemanden handelt, der ähnlich ist, die gleichen Anschauungen hat und so denkt und fühlt wie man selbst. Es ist ungefähr so, als würde man jemanden kennenlernen, der in unmittelbarer Nachbarschaft wohnt, in dieselbe Schule geht oder im selben Betrieb arbeitet. Trotzdem unterscheiden sich diese Menschen von Schützegeborenen in einem wesentlichen Punkt: Der Schütze ist vom Element her Feuer; Waage bzw. Wassermann jedoch sind Luftzeichen. Die Elemente Feuer und Luft ergänzen sich gut. Insofern teilen Schützen mit solchen Menschen viel Ähnliches und Verwandtes, aber es gibt auch mehr als genügend Unterschiedliches, so dass es sehr reizvoll ist, einander näher kennenzulernen. Und der Astrologie zufolge gehören diese Beziehungen zu den bestmöglichen!

Was die Sterne über Schütze und Waage sagen
Typische Waagen und waschechte Schützen verstehen sich auf Anhieb, sie sind beide extravertiert, lieben den Kontakt mit anderen und haben eine positive Einstellung zum Leben. Dazu bilden sie ein perfektes Gespann für Reisen, das zusammen auch den Globus umrunden könnte.
Der Schütze ist wie gesagt der geborene Idealist. Er liebt das Abenteuer und scheut sich oft, eine Ehe einzugehen, weil er – auch das wurde schon mehrmals erwähnt – keine »Fesseln« erträgt. Demgegenüber ist die Waage das traditionelle Zeichen der Ehe; sie bevorzugt eine verbindliche Beziehung.
Zu Spannungen kann es ebenso in puncto Stil und Geschmack kommen. Diesbezüglich ist der typische Schütze nämlich ein echter Ignorant. Vor lauter Beschäftigung mit inneren Werten und seiner besseren Welt, die irgendwo weit vor ihm liegt, vergisst er gelegentlich, was unmittelbar vor seiner Nase ist, verwechselt Nonchalance und Lässigkeit mit Unhöflichkeit und Schlamperei. Und genau hier kollidiert er mit der Welt der Waage, der Stil und Geschmack über alles gehen.
Auch die Waage befasst sich gern mit dem, was sein könnte und sein wird. Das gibt den beiden etwas Unbeschwertes, weil sie in der Regel nicht mit ihrem Schicksal hadern. Aber auch eine *zu* optimistische Lebenseinstellung kann lebensfeindlich sein. So ist es wichtig, dass sie stets die Gegebenheiten der Realität einbeziehen, wenn sie wirklich glücklich sein möchten.

Was die Sterne über Schütze und Wassermann sagen
Typische Vertreter dieser beiden Tierkreiszeichen bilden ein außergewöhnliches Paar, dem seine Freiheit und seine Persönlichkeitsentwicklung über alles gehen. Von daher zieht man sich zunächst einmal

an, weil jeder den anderen so interessant und einmalig findet. Und da jeder hinter der Freizügigkeit und Offenheit des anderen eine enorme sexuelle Offenheit vermutet, spielt in der Anfangsphase auch das Bett (und all die anderen Orte, an denen ein so extraordinäres und modernes Paar seiner Lust nachgehen könnte) eine zentrale Rolle.

Dann kommen noch der gleiche tolle Geschmack, die Liebe zum Reisen und das große Interesse an dem hinzu, was man »den Zeitgeist« nennt. Wahrlich, eine Liebe zwischen den beiden ist einfach genial.

Wenn es dennoch nicht allzu viele Paare mit dieser Tierkreiszeichen-Konstellation gibt, dann liegt das schlicht und ergreifend daran, dass beide wohl *zu* freiheitsliebend sind; mit anderen Worten: Man trifft sich zu selten. Bei einem regelmäßigeren Kontakt würde man allerdings dann auch feststellen, dass es mit der »großen Freiheit« des anderen (wie mit der eigenen) nun doch nicht so weit her ist. Wer diese Wahrheit verträgt und konstruktiv in die Partnerschaft integriert, findet allerdings eine Freundschaft und Liebe, die auch »tausend Jahre« halten kann.

Das kleine Liebesgeheimnis

Wenn Sie als Schütze einen Waage- oder Wassermanngeborenen kennen, haben Sie einen für Sie idealen Partner gefunden. Sie werden sich prima verstehen, und Sie haben einen Menschen an Ihrer Seite, auf den Sie sich verlassen können. Ihr Partner ist vom Element her Luft, während Sie selbst ein Feuerzeichen sind. Luft und Feuer, so heißt es in der Astrologie, ergänzen sich bestens. Im Alltag werden Sie dies als Fröhlichkeit und Glück erleben.

Gelegentlich aufkommende Langeweile oder Disharmonien können Sie immer aus der Welt schaffen, indem Sie gemeinsam etwas unternehmen. Aber Sie sind »Freunde«, vergessen Sie das nie! Freunde versuchen sich nicht zu gängeln und auch nicht zu betrügen. Solange Sie diese »Spielregel« beachten, leben Sie in einer glücklichen Partnerschaft, die durch Kinder noch stabiler und erfüllter werden wird.

(Nicht immer) gute Nachbarn:
Schütze und Skorpion · Schütze und Steinbock

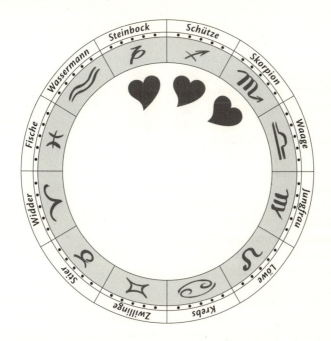

Die beiden Tierkreiszeichen Skorpion und Steinbock liegen auf dem Zodiak unmittelbar neben dem Schützeabschnitt. Von daher erwartet man vielleicht, dass man sich – wie es bei »richtigen« Nachbarn auch sein sollte – wunderbar versteht.

Einerseits trifft das sicher zu: Die Kombination von nebeneinanderliegenden Tierkreiszeichen ist tatsächlich häufig, und diese Beziehungen sind oft sehr befriedigend. Beide Partner haben das Gefühl, dass sie zueinander gehören, und fühlen sich, wenn sie sich kennenlernen, sehr schnell vertraut – so als wären sie uralte Bekannte, vielleicht sogar noch mehr, Geschwister zum Beispiel.

Aber das ist nur die eine Seite der Medaille. Wie es bei besagten »richtigen« Nachbarn oder Geschwistern bekanntermaßen auch vorkommt, entsteht schnell das Gefühl von Konkurrenz, Neid und Eifersucht. Es ist, als müsste sich jeder dem anderen gegenüber behaupten und besser, unabhängiger, liebevoller oder was auch immer sein. Insbesondere die Unterschiede werden dabei zu stark hervorgehoben. Solche Unterschiede bestehen ja in der Tat, aber sie sind etwas ganz Normales. Denn bei einem Schützen handelt es sich um ein Feuerzeichen, während die Nachbarn den Elementen Wasser (Skorpion) bzw. Erde (Steinbock) zugeordnet sind. Man ringt also um Abgrenzung und Individualität: Bei Geschwistern entwickelt man sich ab einem bestimmten Alter auseinander, aber keineswegs, weil man sich nicht mehr liebt, sondern weil man eigene Wege gehen muss und zu viel Nähe und Vertrautheit einen daran hindern würden. Ähnliches kann in einer Partnerschaft geschehen. Zwei Vertreter von Tierkreiszeichen, die nebeneinanderliegen, können zuweilen sogar recht niederträchtig miteinander umspringen. Hier gilt es, beizeiten zu lernen, sein Bedürfnis nach Abgrenzung auf positive Weise auszuleben. Denn nur dann, wenn man seine Individualität pflegt, ohne den anderen zu diskriminieren, gibt es eine glückliche Zweisamkeit, die Bestand hat.

Was die Sterne über Schütze und Skorpion sagen

In dieser Verbindung trifft der Optimismus des Schützen auf das Misstrauen des Skorpions. Es besteht jedoch auch ein zweiter, fast noch wichtigerer großer Unterschied: Der Schütze beansprucht viel Freiheit, und der Skorpion neigt dazu, die Menschen, die er liebt, an sich zu fesseln.

Der experimentierfreudigen Schützennatur kommt die sexuelle Energie des Skorpions sehr entgegen. Als Liebespaar sind die beiden daher unglaublich stark. Bei einer Partnerschaft sieht es allerdings ganz anders aus. Denn der Schütze ist offen und flexibel, er findet erst so richtig zu sich, wenn er etwas Neues entdeckt. Der typische Skorpion hingegen hat feste Vorstellungen vom und fixe Einstellungen zum Leben. Neue Eindrücke werden von ihm nur insofern verarbeitet, wie sie zu seinem bisherigen Leben passen.

Das hat natürlich Konsequenzen für den ganz praktischen Alltag. Man mag häufig nicht das Gleiche, muss um Kleinigkeiten lange diskutieren, und jeder Entscheidungsprozess kostet Zeit.
Am ehesten klappt diese Partnerschaft, wenn eine klare Rollenteilung besteht, zum Beispiel die ganz »klassische«, dass der Schützemann die äußeren Belange vertritt, also arbeitet und Geld nach Hause bringt, während die Skorpionfrau die inneren Angelegenheiten – die Erziehung der Kinder, die Gestaltung der Wohnung und dergleichen – übernimmt. Es ist aber auch möglich, dass beide arbeiten und in der Karriere ihr wichtigstes Terrain zur Selbstverwirklichung sehen.

Was die Sterne über Schütze und Steinbock sagen
Der Schütze möchte bis zum Gehtnichtmehr expandieren, Grenzen sind für ihn ein Greuel. Für den Steinbock hingegen bedeuten Grenzen Sicherheit. Toleranz wiederum – eine Haupttugend des Schützen – legt der Steinbock als Schwäche aus. Und für den Schützen ist zu viel Ordnung – ein Hauptprinzip des Steinbocks – lebensverneinend.
Diese Kombination läuft in fast allen Fällen auf einen Zweikampf zwischen Antrieb und Hemmung hinaus: Der typische Schütze braucht Ziele, etwas, worauf er sich zubewegen kann. Er muss in Bewegung bleiben, weil das seine Urmotivation ist, durch die er zu sich findet und »bei sich bleiben« kann. Ein waschechter Steinbock hingegen reglementiert alles und setzt verbindliche Maßstäbe. Er muss schon zuvor genau das Resultat kennen, um überhaupt mit einer Aktion zu beginnen, während der Schütze erst einmal loslegt, sein Ziel verfolgt und dann schon feststellen wird, was dabei herauskommt. Es ist ein kolossaler Gegensatz, der meistens dazu führt, dass sich weder der Schütze noch der Steinbock genügend angenommen (geliebt) fühlt.
Es ist also nicht einfach mit den beiden, obwohl sie sozusagen »Tür an Tür« leben. Aber es gibt auch gute Gründe, um eine Beziehung zu wagen: Der ernste Steinbock profitiert von der humorvollen Art des Schützen, umgekehrt hilft der Steinbock

dem anderen, auf dem Boden der Realität zu bleiben. Der gemeinsame Weg zur Mitte besteht dann darin, dass der Schütze seine Ideen einbringt und der Steinbock diese auf ihre Machbarkeit hin überprüft.

Das kleine Liebesgeheimnis

Mit einem Skorpion- oder Steinbockpartner haben Sie als Schütze einen wunderbaren Menschen an Ihrer Seite: Seine Welt ist Ihnen vertraut, er ist wie ein guter Bruder oder eine liebevolle Schwester zu Ihnen, er wird auf Sie aufpassen und Ihnen das Gefühl von Geborgenheit schenken – und genauso verhalten Sie sich umgekehrt ihm gegenüber.

Sie müssen aber wissen, dass Sie sich unter Umständen zu nahe sind, weswegen sich Ihre Unterschiede nicht richtig entfalten können. Eine derartige Beziehung geht nur dann gut, wenn Sie sich Ihre natürliche Verschiedenheit zugestehen und trotz Ihrer großen Nähe immer wieder ganz andere Wege gehen. Kultivieren Sie Ihren Unterschied! Lassen Sie nicht zu, dass Sie sich noch ähnlicher werden! Unternehmen Sie immer wieder einmal etwas allein – das hilft Ihrer Liebe.

Wenn es zu Konflikten kommt, ist es wichtig, dass Sie Differenzen herausarbeiten und sie sich auch gegenseitig zugestehen.

Ich liebe ... »mich«: Schütze und Schütze

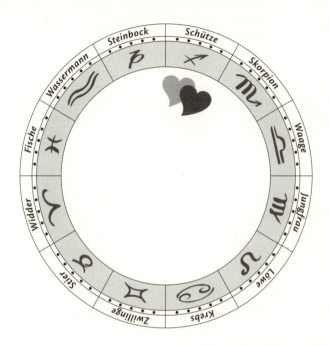

Eine Beziehung zwischen Menschen mit dem gleichen Tierkreiszeichen ist so eine Geschichte für sich. Zum einen hat man seinen »Zwillingsbruder« bzw. seine »Zwillingsschwester« gefunden, und man kennt den anderen wie sich selbst. Man ist sich vertraut, denkt, fühlt, handelt genauso, und das kann wunderschön sein. Manchmal versteht man sich sogar ganz ohne Worte. Beim Thema Sex zum Beispiel scheint der andere genau die Wünsche zu erraten, die man selbst immer träumt.

Auf der anderen Seite kann man sich auch *zu* ähnlich sein. Menschen haben nicht nur ein Bedürfnis nach Nähe, Ähnlichkeit und Verständnis, sondern auch nach Individualisierung, nach Abgrenzung, nach dem Anderssein. Und genau dieses Bedürfnis

»stört« in Beziehungen mit dem gleichen Tierkreiszeichen normalerweise früher oder später die Liebe. Es kommt dann zu der paradoxen und absurden Situation, dass zwei Menschen, die sich im Grunde eigentlich so gleichen wie ein Ei dem anderen, plötzlich ihre Unterschiede betonen, als kämen sie von zwei verschiedenen Planeten, und sich am Ende überhaupt nicht mehr verstehen.

Wozu sollte man dann eine derartige Beziehung überhaupt eingehen? Nun, wie gesagt hat man ja erstens oft gar keine andere Wahl, weil das Herz (Gott sei Dank!) allemal stärker ist als irgendwelche Theorien. Und zweitens ist eine Beziehung mit einem Menschen desselben Tierkreiszeichens sehr wohl ein Gewinn. Infolge der ständigen Auseinandersetzung mit dem »Doppelgänger« kann man nämlich damit beginnen, seine eigenen Qualitäten stärker zu erleben. Das ist insbesondere für diejenigen wichtig, die ihre Stärken und Schwächen nicht richtig kennen. Genauso bedeutsam ist ein anderer Aspekt: Wer einen Partner mit demselben Tierkreiszeichen liebt, kommt vielleicht auf diesem Weg auch zu der Liebe zu sich selbst.

Was die Sterne über Schütze und Schütze sagen
In dieser Beziehung haben Eintönigkeit, Grenzen und Hindernisse normalerweise keinen Raum. Gemeinsam können die beiden philosophieren, Reisen planen oder sich überlegen, wo und wie überall die Welt zu verbessern wäre. Beide sind von Natur aus großzügig und tolerant, und jeder unterstützt den anderen in seinem Wesen.

Ob dieses Urvertrauen, das grundsätzlich dem Schützen zu eigen ist, dann doch letztlich in eine kolossale »Abgrenzungsschlacht« mündet, weil eben jeder anders als der andere sein möchte, oder ob die gemeinsamen Visionen in die Realität umgesetzt werden können, das hängt letztlich von der persönlichen Reife des Paares ab.

Das kleine Liebesgeheimnis

Eine Beziehung zweier Menschen mit dem gleichen Tierkreiszeichen wird in aller Regel nach einer anfänglichen Phase kolossaler Euphorie mit Schwierigkeiten konfrontiert. Es geht dann darum, das Gemeinsame und das Unterschiedliche auseinanderzuhalten und sich nicht in extremen Positionen zu verlieren. Für eine derartige Beziehung ist es besonders wichtig, Unterschiede wohlwollend zu akzeptieren und sich gegenseitig möglichst viele Freiräume zuzugestehen.

Ganz falsch wäre es allerdings, wenn die Partner versuchten, **noch** mehr Ähnlichkeiten herzustellen, zum Beispiel, indem sie miteinander arbeiten oder jede freie Stunde gemeinsam verbringen.

Der Schütze und seine Gesundheit

Seit über zweitausend Jahren existiert eine systematische astrologische Gesundheitslehre, und bis weit über das Mittelalter hinaus bedienten sich die meisten Ärzte dieser Systematik, um Krankheiten zu diagnostizieren und zu heilen. Ein guter Arzt war früher immer auch ein Astrologe. Seine Diagnose und seine Behandlung richteten sich nach den Sternen. Nie wäre einem damaligen Medicus eingefallen, einen Eingriff am Körper vorzunehmen, ohne die Konstellation der Sterne zu konsultieren. Erst im Zusammenhang mit dem in der Einleitung erwähnten Niedergang der Astrologie ab dem 16. bzw. 17. Jahrhundert trennte sich die Medizin von der Astrologie. In jüngster Zeit allerdings beginnen immer mehr ganzheitlich denkende Ärzte, sie wieder mit einzubeziehen, wenn es um Vorbeugung, Diagnose und Behandlung geht – und die Erfolge geben ihnen recht. Dass man zum Beispiel Operationen oder Zahnextraktionen besser bei abnehmendem Mond vornimmt, ist heute eine weitverbreitete Erkenntnis, was nicht nur viele Patienten wissen, sondern auch immer mehr Ärzte berücksichtigen. Ebenso findet die allgemeine astrologische Gesundheitslehre, wonach jedem Sternzeichen bestimmte Krankheitsdispositionen zugeordnet werden, bei immer mehr Menschen Beachtung. Ich bin überzeugt von ihr. Wer sich nach ihr richtet, bleibt länger gesund, jung, dynamisch und unterstützt bei einer Krankheit ohne Zweifel den Genesungsprozess.

Die Schwachstellen von Schützegeborenen

Die Astrologie sagt, Schützegeborene hätten die Veranlagung, an Hüften und Oberschenkeln zu erkranken.
Das stimmt. Alle Erfahrungen sprechen dafür, dass Schützen im Laufe ihres Lebens mit diesen Körperbereichen eher Probleme bekommen als andere Menschen. Das sind ihre Schwachstellen oder – medizinisch korrekt ausgedrückt – ihre »Loci minoris

resistentiae«. Eigentlich aber ist diese Bezeichnung so nicht zutreffend. In Wirklichkeit handelt es sich nicht um schwache, sondern sogar um die stärksten Stellen ihres Seins. Denn sie reagieren als Erste auf eine den Körper belastende Situation. Gleichzeitig sind sie auch der Schützen bevorzugtes Medium der Lebensbewältigung und werden entsprechend strapaziert. Daher müssen Schützen sich um ihre Hüften und Oberschenkel besonders kümmern, sie hegen und pflegen. Sie sind ihr größter Schatz.

Schützen können selbstverständlich auch andere Leiden bekommen. Aber der Ursprung bzw. die Ursache jeder Erkrankung – und das ist der springende Punkt – wird sich immer auf den Bereich Hüften und Oberschenkel zurückführen lassen. Hier nehmen sämtliche Leiden ihren Anfang.

Wie ist das zu verstehen? Die Suche nach einer Antwort führt über das normale Bewusstsein hinaus. Sie erschließt sich aus dem Innersten menschlichen Seins.

In Richtung Himmel

Der Lendenbereich mit Hüftgelenk und Oberschenkeln spielt eine zentrale Rolle für unsere Beweglichkeit und Statik. Kein anderes Gelenk ist dermaßen agil wie das Hüftgelenk. Es ermöglicht unserem Bein, sich in jede Richtung zu drehen, und übertrifft damit sogar noch die Beweglichkeit des Schultergelenks.

Die Hüftgelenke symbolisieren auch den Übergang vom Tier zum Menschen. Irgendwann in unserer Urgeschichte begannen sich Lebewesen aufzurichten, den Oberkörper vom Boden zu entfernen und den Blick in den Himmel zu richten – auf der Suche nach etwas, was über ihnen ist.

Insofern steht das Hüftgelenk sowohl für körperliche als auch für geistige Beweglichkeit. Es steht für den Tiermenschen, und genauso kennzeichnet es uns als göttliches Geschöpf. Somit kommt Bekanntes ins Spiel, nämlich der Schütze als Mischwesen mit Pferdeleib und menschlichem Oberkörper. Der Übergang findet symbolisch am Hüftgelenk statt. Damit ist sowohl das tatsächliche physiologische Gelenk gemeint als auch das geistige, der innere Antrieb, der niemals ruht und immer Neues entdecken will: Der Weg ist das Ziel! Entwicklung, Fortschritt, Wachstum – immer weiter, nur nie innehalten, nie stehen bleiben! Das ist die Vision der Schützen. Das Leben ist noch lange nicht am Ende – und sie sind der Motor, der es immer weitertreibt.

Das kostet Kraft. Es reicht den Schützen ja nicht, nur an sich selbst zu denken, Sport zu treiben und sich geistig weiterzubilden. Sie sehen ihre Aufgabe darin, die Menschheit ständig daran zu erinnern, dass es weitergehen muss. Sie sind Propheten, die mahnen, sich nie zufriedenzugeben. Es geht immer weiter, es geht hinauf: Ein besseres Leben, Gott, die Erleuchtung, das Paradies wartet auf die Menschheit.

Das kostet, wie gesagt, Kraft, und zwar umso mehr, je dumpfer und träger die Menschen sind, die einen Schützen in seinem Leben begleiten. Manche Schützegeborene verzweifeln daher und geben auf. Aber an seiner Bestimmung vorbeizuleben ist keine Lösung. Das macht noch eher krank, steif, unbeweglich und müde.

Schützen müssen einen Weg finden, ihre karmische Aufgabe zu erfüllen, ohne krank zu werden. Sie müssen lernen, wie sie sich besser schützen können. Und das Wichtigste: Sie müssen es tun, bevor die ersten Verschleißerscheinungen auftreten.

Vorbeugung und Heilen

Am Anfang jeder vorbeugenden Maßnahme und Heilung steht bewusstes Erkennen. Einsicht veranlasst uns mit der Zeit dazu, eine bestimmte (falsche, ungesunde) Art zu leben in eine bessere, gesündere zu ändern. Einsicht bedeutet aber auch noch mehr. Zwischen Erkenntnis und dem Körper besteht eine Verständigung. Wissen und Einsicht erhalten bzw. bewirken Gesundheit. Allein daran zu denken, dass eine besondere Veranlagung zu

bestimmten Erkrankungen besteht, verändert nicht nur das Verhalten, sondern auch die entsprechenden Körperfunktionen.
Einsicht schließt auch ein Verstehen körperlicher und psychosomatischer Zusammenhänge mit ein. Wenn man verstanden hat, wie der Organismus funktioniert, und nachvollziehen kann, wie es zu körperlichen und seelischen Krankheiten kommt, wird jeder verantwortungsbewusste Mensch wacher und gesünder leben.

Brücke zwischen Himmel und Erde

Wer nur auf den Körper setzt, mag zu enormen Leistungen fähig sein, aber wächst der Kopf nicht mit den Muskeln mit, entsteht ein Mensch, der ein hohes Risiko in sich trägt, sich irgendwann zu verletzen. Und wer nur seinen Kopf trainiert, körperlich aber nicht mithält, wird irgendwann krank. Das bedeutet zunächst einmal, das Tier in sich selbst anzuerkennen und zu respektieren. Denn die Verbindungslinien zu unserem urgeschichtlichen Dasein sind nicht gekappt. Genforscher haben festgestellt, dass der Mensch hinsichtlich seiner Gene nur unwesentlich vom Tier abweicht, sich sogar nicht einmal von niederen Geschöpfen, zum Beispiel einer Schmeißfliege, groß unterscheidet.
Das menschliche Sein reicht jedoch über diese Stufe hinaus. Es ist nicht nur der aufrechte Gang, der ihn vom Tier entfernt, der wesentliche Unterschied lässt sich nicht in Genen finden, ja, ist überhaupt nicht unmittelbar sichtbar: Es ist der »Geist«. Der menschliche Geist durchwebt die Geschichte, durch ihn erfahren wir sie erst. Sinnhaft könnte man sagen, das Körperliche, also das Tier, verbindet uns mit der Erde, der Geist bildet die Brücke zum Himmel. Der Mensch wandelt zwischen Erde und Himmel, ist als Tier mit der Erde verbunden, als Mensch mit dem Himmel. Geist, wie er sich in der Schützeenergie manifestiert, ist eine »gute« Kraft. Auf ihn zu bauen heißt, das Gute zu suchen und trotz aller Rückschläge dieses Ziel nicht aus den Augen zu lassen. Einheit zwischen Körper und Geist bedeutet auch, dass der Körper mit dem Geist mitwächst – und umgekehrt. Ein ungesunder Körper macht mit der Zeit auch den Geist krank. Und ein ver-

schrobener Geist zeigt sich irgendwann auch in einem verbogenen Körper.

Am wichtigsten ist Bewegung

Keine andere, noch so tief greifende Therapie ist derart bedeutsam wie diese einfache Aufforderung: Schützemenschen müssen sich bewegen. Geeignete Maßnahmen sind daher Jogging, Schwimmen, Gymnastik und Sport. Allerdings reicht dies nicht aus. Eine sture, mechanische Bewegungsabfolge ist für einen Schützen zu wenig. Er muss auch seinem inneren Ruf folgen, um nicht krank zu werden. Ein Schütze fühlt sich sofort besser, wenn er im fahrenden Zug sitzt oder im Flugzeug von der Landebahn abhebt. Von Zeit zu Zeit ist daher eine Ortsveränderung ein Muss für ihn.

Auch die kleinen Schützen brauchen ihre Freiräume und mehr Auslauf als andere Kinder. Etwas Risiko gehört ebenfalls einfach zu einem Schützeleben. Das ist nicht gefährlich. Viel gefährlicher ist es, das Schützepotenzial zu unterdrücken und im Erwachsenenalter geistig und körperlich verhärtet zu sein.

Körperliche und seelische Selbsterfahrung

Für Schützemenschen ist es Pflicht, Körper und Geist ständig zu trainieren und weiterzuentwickeln. Die zahlreichen Selbsterfahrungsgruppen bieten dafür ein weites Feld. Das heißt in gar keiner Weise, dass der Schützemensch eher Hilfe braucht als andere Tierkreiszeichen. Im Gegenteil, er ist in aller Regel optimistisch genug, sich selbst aus einer dramatischen oder problematischen Situation herauszuholen. Aber er ist unglaublich lern- und wissbegierig und will mit seinem Körper und seiner Psyche experimentieren.

Bei Haltungsschäden, Muskelverspannungen, Rückenschmerzen oder einer Bandscheibensymptomatik bringen mehrmalige Körperbehandlungen oft große Erleichterung. Auch Massagen (Feldenkrais, Sportmassage, klassische Massage etc.) bewirken bei Schützemenschen oft kleine Wunder, da ihr Körper jede Aufmerksamkeit dankbar annimmt. Bei Rückenschmerzen bewähren sich außer

Massagen warme Bäder, Trockenbürstungen, warme Auflagen, eventuell auch mit Fangopackungen. Gegen Krampfadern helfen Bewegung und häufiges Hochlegen der Füße. Ein wunderbares Mittel gegen Versteifung und Erschlaffung der Hüften ist Bauchtanz.

Die Apotheke der Natur

Nach dem universell gültigen Analogieprinzip haben Heilkräuter, die im November/Dezember wachsen oder reif werden, also zur Zeit des Schützen, eine besonders günstige Wirkung auf »Schützeerkrankungen«. Im Dezember ist der Kräutersegen der Natur allerdings vorüber. Nur die Blätter des Efeus werden jetzt noch gesammelt. Als Auflage helfen sie bei Krampfadern, und als Tee unterstützen sie die innere Reinigung. Man achte aber darauf, nicht die giftigen Beeren mit zu benutzen.

Ebenfalls gegen Krampfadern helfen Beinwurz, Kürbis, Löwenzahn und Petersilie. Um den Muskeln wohlzutun, reibe man die Haut am besten täglich morgens nach dem Aufstehen mit einem Rotöl aus Johanniskraut ein.

Die richtige Diät für Schützen

Menschen, die mit der Natur gehen, reduzieren im Dezember ihre Nahrungszufuhr und stellen sich auf eine stille und geistige Zeit ein.

Der Schütze geht immer ein bisschen über seine Grenzen – auch beim Essen. Es gibt daher Schützen, die ungeheuer dick werden. Um dagegen anzugehen, ist Bewegung wichtiger als die Reduktion der »Futtermenge«. Schützen, die zu viele Pfunde haben, müssen sich jeden Happen verdienen – eben durch Bewegung. Nur eine solche »Diät« ist für sie sinnvoll.

Konkret sieht das so aus, dass ein Schütze sich nur dann an einen Tisch setzen und nach Messer und Gabel greifen darf, wenn er sich zuvor bewegt hat.

Klar, mit »Bewegung« sind nicht zehn Kniebeugen oder fünf Liegestütze gemeint, sondern – zumindest vor dem Hauptessen – eine Stunde Tennis, eine Stunde Jogging oder eine Stunde schweißtreibendes Training am Fitnessgerät. Nach einer derartigen Verausgabung darf man beim Essen kräftig zulangen und wird trotzdem abnehmen – zumindest wenn man das über einen längeren Zeitraum hinweg in solcher Intensität betreibt.

Es gibt allerdings noch einen anderen Typ Schütze, der nicht rund, sondern hager ist. Es sind Schützen, die den ganzen Tag von einem Termin zum nächsten hetzen, dazwischen schnell irgendein Fastfood in sich hineinschlingen, nie richtig Zeit haben, ständig im Stress leben. Klar, von diesem Schützetyp zu verlangen, sich auch noch im Fitnessstudio abzumühen, wäre fatal. Er muss nicht abnehmen, sondern seinen Körper und Geist beruhigen. Für ihn sind stilles Sitzen und innere Sammlung vor und vor allem während des Essens die bessere »Diät«.

Toll reagieren Schützen auch auf eine »Fasten-und-Wandern-Diät«. Man schnürt seinen Rucksack und zieht ein oder mehrere Tage los, während man entweder gar nichts isst oder nur Früchte zu sich nimmt – und natürlich (in beiden Fällen) viel Quellwasser trinkt.

Beruf und Karriere

On the road ...

Reisen und alles, was im weitesten Sinne mit Touristik zu tun hat, gehört zum Metier des typischen Schützen. Ich kenne mehrere Vertreter dieses Tierkreiszeichens, die auf dem Gebiet erfolgreich arbeiten. Zum Beispiel Elisabeth: Sie lernte bei einem Karibik-Ferienaufenthalt einen Hotelmanager kennen, der sie bat, Reisebegleiterin für die zahlreichen deutschen Touristen im Lande zu werden. Heute hat Elisabeth ein eigenes Reisebüro in Zürich. Ihre Spezialität sind Reiseveranstaltungen in die Südsee. Oder Hans: Er verdiente sich sein Studium als Animateur auf Mallorca. Heute besitzt er eine Firma, die sich auf Reisen im Zusammenhang mit Selbsterfahrung spezialisiert hat. Johanna und Gertrud hielten sich jahrelang während ihrer Ferien auf einer griechischen Insel auf. Daraus entstand die Idee, zusammen mit einem hellenischen Hotelanbieter Reisen von Deutschland aus zu organisieren. Dieses Hotel ist heute von Mai bis Oktober ausgebucht.

Das zweite Lieblingsfach von Schützen ist Sport. Sie werden gern Leistungssportler, Sportlehrer, Schiedsrichter usw., und sie haben, wenn sie im Handel tätig sind, gern mit Sportartikeln zu tun. Sogar wenn es zunächst scheint, als hätte ihr Beruf nichts mit dieser Branche zu tun, entstehen im Laufe der Tätigkeit häufig Berührungspunkte. So kenne ich einen Modedesigner, der nach über zehnjähriger Tätigkeit als freier Designer eines Tages den Auftrag erhielt, Sportbekleidung zu entwerfen, und von da an äußerst erfolgreich war. Ein anderes Beispiel ist ein Werbeleiter und Marketingdirektor, der ebenfalls über Umwege dazu kam, Events für außergewöhnliche Sportarten wie Rollerblade oder Bungee-Springen zu organisieren – und das natürlich mit großem Erfolg.

Manchmal sage ich, dass Schützen Propheten seien, auf die das bekannte Sprichwort »Ein Prophet gilt nichts im eigenen Land« zutrifft. Ich meine damit, dass sie umso besser werden, je weiter sie sich von zu Hause wegbewegen. Das gilt auch fürs Arbeiten im Ausland. Ich kenne einige Schützen, die erst in der Fremde richtig erfolgreich wurden. Zum Beispiel Johanna: Sie ist Italienerin, absolvierte in Mailand eine Hotelfachschule und versuchte anschließend ihr Glück in verschiedenen Restaurants, Bars und Hotels. Aber erst als sie nach Deutschland kam, schaffte sie den Sprung. Sie war zunächst Barfrau in einem bekannten Münchner »Schickimickischuppen« und eröffnete dann zusammen mit einem Partner ein eigenes Lokal, das großen Erfolg hatte. Weil ihr aber die nächtliche Arbeit auf Dauer gegen die Natur ging, verpachtete sie ihr Lokal und bewarb sich bei einem Münchner Sportverein als Organisatorin und Managerin. Auch dort wurde sie sehr erfolgreich.

Anna ist eine weitere Schützin, die ich erwähnen möchte, weil sie meiner Meinung nach einen für Schützen typischen beruflichen Werdegang durchlaufen hatte, bis sie das zu ihr passende Betätigungsfeld fand – allerdings ging sie den Außenseiterweg.

Anna war zunächst Stewardess. Flugbegleiter(in) oder gar Pilot(in) ist außer für Wassermänner gerade für Schützen ein ausgesprochener Traumberuf. Für ein Flugzeug existieren quasi keine Grenzen, und man ist dem Himmel näher. Anna flog sieben Jahre durch die Welt. Dann ließ sie sich aus gesundheitlichen Gründen umschulen und wechselte zum Bodenpersonal (Flugauskunft und Ticketverkauf). Irgendwann hatte sie die ihr affektiert und künstlich erscheinende Welt in einem Flugzeug gründlich satt. Auch ihre neue Tätigkeit verschaffte ihr immer weniger das Gefühl, das zu tun, wofür sie eigentlich bestimmt war.

Auf ihrer Suche nach einer befriedigenderen Arbeit kam sie unter anderem zu einem meiner psychologischen Seminare. Sofort fing ihr Herz Feuer. Sie beschloss, einen Beruf zu ergreifen, in dem sie anderen helfen könnte (siehe auch unten: »Der Traum vom Helfer«). Damit begann eine lange Odyssee. Zunächst musste sie ihren Job bei der Fluggesellschaft kündigen. Diese war ohnehin gerade bestrebt, Personal abzubauen, weswegen Anna das Glück hatte, mit einer guten Abfindung im Gepäck aus deren Diensten zu treten. Dieses Geld steckte sie in verschiedene Weiterbildungsveranstaltungen. Schließlich hörte sie von der Möglichkeit, in den USA ohne Hochschulabschluss Körpertherapie studieren zu können. Sie zog in die Staaten und drückte zwei Jahre die Schulbank. Im Anschluss daran kehrte sie nach Deutschland zurück, stellte aber fest, dass ihr toller Titel hier nichts galt. Daher begann sie noch eine Ausbildung als Heilpraktikerin. Bald nach der Abschlussprüfung lernte sie einen italienischen Arzt kennen, der ihr vorschlug, in seiner Reha-Klinik nahe bei Mailand zu arbeiten. Dort lebt und arbeitet sie seit mehreren Jahren.

Für den Schützen ist ein Beruf umso interessanter, je mehr Bewegung, Freiheit und Selbständigkeit er bietet. Ein Job, bei dem er den ganzen Tag sitzen und ausschließlich seinen Kopf beanspruchen muss, ist Gift für ihn. Das »Tier« in ihm kommt zu kurz und wird irgendwann protestieren, indem es dem Schützegeborenen Schmerzen bereitet. Die richtige Mischung aus Bewegung und geistiger Schöpferkraft ist für ihn das A und O eines erfüllten und erfolgreichen Berufslebens. In jedem Schützen schlummert ein Jäger, ein Abenteurer, er braucht daher einen Beruf, der wenigstens ein gewisses Quantum an Aufregung und Ungewissheit mit sich bringt, sonst schläft seine Seele förmlich ein.

Ich kenne einen Schützen, der Drehbuchautor ist. Er verbringt mehr oder weniger acht Stunden täglich vorm Computer, schreibt, kommuniziert übers Internet, telefoniert. Aber alle paar Stunden steht er auf und geht in einen Raum, der unmittelbar an sein Büro grenzt. Dort befinden sich Fitnessgeräte. »Niemand kann mehr geistige Klimmzüge schaffen, als er mit seinem Körper packt«, so lautet eine seiner Devisen.

Der Traum vom Helfer

Helfer zu werden ist der Wunschtraum vieler Schützen, sei es nun als Priester, Psychologe, Therapeut, Astrologe, Sonderschullehrer, Sozialarbeiter, Laienhelfer oder Managementberater. Da Schützen optimistisch veranlagt sind, fällt es ihnen leicht, ein bestimmtes Maß an Stärke, Hoffnung oder Trost zu vermitteln.

Dass der Arztberuf Schützen sozusagen in die Wiege gelegt ist, habe ich schon an früherer Stelle gesagt. Sie werden allerdings solche Heiler, die den Patienten die tieferliegenden seelischen Probleme, die zu einer Krankheit geführt haben, bewusst machen und Einsicht vermitteln. Sie sind wohl kaum derartige Mediziner, die lediglich die Symptome mit Medikamenten unterdrücken oder operativ beseitigen, ohne das eigentlich zugrundeliegende Problem zu erkennen. Ein Mensch, der an Magenproblemen leidet, bekommt von einem Schützearzt immer mehr als nur ein Medikament, er zeigt ihm nämlich Perspektiven auf, wie er sich selbst besser erkennen kann und sein Leben ändern muss, um psychisch zu gesunden. Denn nur so besteht die Aussicht, auf Dauer geheilt zu werden. Ist die Seele im Gleichgewicht, braucht sie den Körper nämlich nicht mehr als Bühne, um über Krankheitssymptome auf ihre Qualen aufmerksam zu machen.

Phantasten, Abenteurer und Forscher

Schützegeborene sind Magier und Phantasten. Sie bringen das Kunststück fertig, die Wirklichkeit derartig zu gestalten, dass man ihnen ihre Kreationen ohne weiteres abkauft. Denken Sie zum Beispiel an die Geschichte des jungen Herumtreibers und Lebenskünstlers aus dem Roman *Abenteuer und Fahrten des Huckleberry Finn* vom Schützeautor Mark Twain. Wenn Sie dieses Buch lesen, fühlen Sie sich mitten hineinversetzt in die Welt der unteren amerikanischen Bevölkerungsschicht im ausgehenden 19. Jahrhundert. Oder denken Sie an Steven Spielbergs – auch er ist Schütze – phantastische Filme wie »E. T.« oder »Jurassic Park« bzw. an den »unsterblichen« Walt Disney, von dem ich schon an anderer Stelle sagte, dass er ein Schütze ist.

Die Welt der Literatur und des Films jedenfalls ist (außer für Zwillinge und Wassermänner) immer auch ganz besonders für Schützen gemacht: Sie sind Autoren, Drehbuchschreiber, Regisseure, Redakteure, Buchhändler, Kameramänner, Verleger und wer sonst noch alles dazugehört, wenn man ein Buch oder einen Film unter die Leute bringen will. Und natürlich war und ist die Bühne die Mutter aller verzauberten und phantastischen Räume. Sämtliche Tätigkeiten, die damit zusammenhängen, sind Lieblingsfächer von Schützegeborenen: Schauspieler, Sänger, Komponisten und so fort.

Auch die Werbebranche ist eine beliebte Spiel- und Zauberwiese, auf der sich Schützen tummeln. Seinen Job umschrieb ein »Werbeschütze« während einer Sitzung bei mir einmal mit den folgenden Worten: »Was ich meinen Kunden mit Hilfe der Werbung verspreche und suggeriere, ist eine eigene Welt und viel mehr wert als das Produkt, das dabei unter die Leute gebracht werden soll.«

Von der Welt der Phantasie ist es nur noch ein Schritt zur Welt der Forscher, Philosophen und Wissenschaftler. Im Grunde steckt in jedem Schützen ein Gelehrter und Entdecker auf der Suche nach Wahrheit, ein Abenteurer, der sich die Welt auf seine Art zu eigen macht. Auch zu juristischen Berufen besteht eine starke Anziehung. Allerdings – das habe ich jedenfalls festgestellt – werden Schützen lieber Verteidiger und Richter als Staatsanwälte. So können sie ihren Gerechtigkeitssinn und ihre Liebe für andere besser in den Beruf integrieren.

Das Arbeitsumfeld und die Berufe

Wo arbeiten Schützen am liebsten?

Schützen betätigen sich mit Vorliebe in einem beruflichen Umfeld, in dem durch Einsicht heilerische Kräfte geweckt werden, die Psyche erforscht und dargestellt wird und Verstehen wichtig ist. Geht es um Gesundheit, Vorsorge, Therapie, Heilung und Pflege, sind Schützegeborene in ihrem Element, ebenso da, wo es um Touristik, Sport, Ausland und Reisen geht. Schützen sind mit ganzem Herzen dabei, wenn Tiere gezüchtet, aufgezogen, gepflegt, versorgt und behandelt werden sollen. Sie bevorzugen auch Berufe im Zusammenhang mit der Rechtsfindung und Rechtsprechung, ebenso im Film- und Verlagsgewerbe. Müssen Menschen überzeugt und gewonnen oder Reformen durchgesetzt werden, stehen Schützen in der ersten Reihe, ebenso da, wo es um Religion und Glauben geht und wo Forschung und Wissenschaft eine Rolle spielen.

Berufe der Schützen

A/B (Angestellter/Beamter) Auswärtiger Dienst, A/B Bundesanstalt für Flugsicherung, A/B Deutsche Bahn, A/B Post, Archäologe, Astrologe, Astronom, Astrophysiker, Bodenpersonal bei Fluggesellschaften, Buchhändler, Diakon, Dipl.-Ing. Elektrotechnik, Dipl.-Ing. in der Entwicklung, Diplom-Handelslehrer, -Pädagoge, -Psychologe, -Sozialarbeiter, -Sportlehrer, Dolmetscher, Entwicklungshelfer, Ethnologe, Facharzt für Allgemeinmedizin, Facharzt für Chirurgie, Fahrlehrer, Flugbegleiter, Geograph, Gewerkschaftsfunktionär, Grund- und Hauptschullehrer, Heilerziehungspfleger, Heilpädagoge, Heilpraktiker, Historiker, Hochschullehrer, Journalist, Jurist, Kernphysiker, Kommunikationstechniker, Krankengymnast, Landespfleger, Lehrer in der Erwachsenenbildung, Maskenbildner, MAZ-Techniker, Multimedia-Producer, Ökomanager, Ozeanograph, Philosoph, Pilot, Privatdozent, Psychotherapeut, Realschullehrer, Rechtsanwalt, Rechtspfleger, Reiseverkehrskaufmann, Religionswissenschaftler, Reporter, Richter, Schriftsteller, Seminarleiter, Sozialwissenschaftler, Sportlehrer im freien Beruf, Sportmanager, Sprachwissenschaftler, Staatsanwalt, Steward, Teletutor, Theologe, Tierarzt, Tourismusmanager, Übersetzer, Umweltberater, Verleger, veterinärmedizinischer Assistent, Zoologe, Zukunftsforscher.

Test: Wie »schützehaft« sind Sie eigentlich?

In diesem Test kann man erfahren, wie schützehaft man als Schützegeborener ist. Man gehe dabei folgendermaßen vor: Möchte man eine Frage mit einem Ja beantworten, soll man jeweils die Zahl ankreuzen. Wenn man also gern Testfahrer wäre, kreuzt man die Zahl 1 an (ein Nein wird nicht notiert).

	+		–
Wären Sie gern Testfahrer?		1	
Sind Sie ein Mensch, der gern Geld zurücklegt?		2	
Können Sie leicht über Ihr Innenleben reden?		3	
Sind Sie gern unter Menschen?		4	
Würden Sie gern Politik machen?		5	
Sagen Sie gern anderen, was sie tun sollen?		6	
Möchten Sie ständig an einem Computer arbeiten?		7	
Lesen Sie viel und gern?		8	
Möchten Sie gern anderen Menschen helfen?		9	
Ist es Ihnen egal, was Sie arbeiten, Hauptsache, das Geld stimmt?		10	
Ordnen Sie sich leicht unter?		11	
Können Sie gut warten?		12	
Ist Ihnen Harmonie wichtig?		13	
Möchten Sie an einer Grenze stehen und Reisende kontrollieren?		14	
Stehen Sie gern in der Öffentlichkeit?		15	
Möchten Sie Falschparkern einen Strafzettel geben?		16	

	+		−
Möchten Sie an einer Diät als Testperson mitmachen?	17		
Ist Ihnen Sicherheit wichtiger als Aufregung und Spannung?	18		
Unterhalten Sie andere Leute gern?	19		
Hören Sie gern zu?	20		
Könnten Sie von der Hand im Mund leben?	21		
Interessieren Sie sich für Mode?	22		
Mögen Sie das Risiko?	23		
Führen Sie gern technische Berechnungen durch?	24		
Wären Sie gern ein Entdeckungsreisender?	25		
Mögen Sie Veränderungen?	26		
Möchten Sie auf einer Bühne stehen?	27		
Möchten Sie einen Vertrag bis ins kleinste Detail durcharbeiten?	28		
Können Sie leicht auf die Tageszeitung verzichten?	29		
Möchten Sie gern Kinder betreuen?	30		
Halten Sie Gefühle für wichtiger als den Verstand?	31		
Können Sie leicht aus sich herausgehen?	32		
Liegt Ihnen das Wohlergehen anderer am Herzen?	33		
Sind Sie gern Gastgeber?	34		
Sind Sie an anderen Menschen interessiert?	35		
Sind Sie gern Lehrer?	36		
Sind Sie ein beständiger Mensch?	37		
Gehen Sie gern und häufig aus?	38		

	+		−
Möchten Sie Menschen beraten?		39	
Möchten Sie Schaufenster dekorieren?		40	
Möchten Sie gefährliche Chemikalien transportieren?		41	
Würden Sie gern an einem Bankschalter stehen?		42	
Treiben Sie gern Sport?		43	
Würden Sie gern als Diskjockey arbeiten?		44	
Würden Sie gern Astronaut sein?		45	
Können Sie sich vorstellen, im Ausland zu arbeiten?		46	
Möchten Sie gern Reporter sein?		47	
Übernehmen Sie gern Verantwortung?		48	
Würden Sie gern Fotomodell sein?		49	
Können Sie leicht bei einer Sache bleiben?		50	
Summe	——	——	——

Auswertung

Schreiben Sie immer dann ein Plus (+) links neben die Zahl, wenn Sie die Nummern 1, 3, 8, 9, 20, 23, 25, 26, 33, 34, 35, 36, 38, 39, 43, 46 angekreuzt haben (maximal sechzehnmal ein Plus).

Tragen Sie immer ein Minus (–) neben der Zahl ein, wenn Sie die Nummern 2, 7, 11, 12, 14, 16, 18, 28, 37, 42, 50 angekreuzt haben (maximal elfmal ein Minus).

Ziehen Sie die Anzahl der Minus- von der Anzahl der Pluszeichen ab. Die Differenz ist Ihr Testergebnis.

Interpretation

Ihr Testergebnis beträgt 5 oder mehr Punkte: Sie sind eine hundertprozentige Schützepersönlichkeit. Alles, was in diesem Buch über die Natur Ihres Tierkreiszeichens geschrieben steht, trifft in besonderem Maße auf Sie zu. Sie sind dynamisch, feurig, direkt, sind allem Neuen gegenüber aufgeschlossen, suchen die Synthese zwischen Geist und Körper und tragen einen Abenteurer und Weltenbummler in sich.

Ihr Testergebnis liegt zwischen 2 und 4 Punkten: Bei Ihnen ist das Schützenaturell gedämpft. Wahrscheinlich haben Sie einen Aszendenten, der die Qualität Ihrer Schützepersönlichkeit in einer anderen Richtung beeinflusst. Oder Ihr Mond hat diese Wirkung. Für Sie ist es daher interessant, die Stellung Ihres Mondes und Ihren Aszendenten im zweiten Teil dieses Buches kennenzulernen. Es kann aber auch sein, dass Sie durch frühere Erfahrungen dazu veranlasst wurden, Ihr Schützenaturell abzulehnen. Dann ist es besonders wichtig, dass Sie sich damit wieder mehr anfreunden und es mehr zulassen.

Ihr Testergebnis beträgt weniger als 2 Punkte: Sie sind eine untypische Schützepersönlichkeit. Wahrscheinlich haben Sie einen Aszendenten, der sich völlig anders als das Schützeprinzip deuten lässt, oder Ihr Mond steht in einem solchen Zeichen. Es wird sehr spannend für Sie sein, dies im zweiten Teil dieses Buches herauszufinden. Sie haben es aber im Laufe Ihres Lebens womöglich auch für nötig befunden, Ihre Schützeseite abzulehnen und zu verdrängen. Es ist daher Ihre Aufgabe, sich mit diesem Teil Ihrer Persönlichkeit wieder anzufreunden: Sie sind zum großen Teil ein »Geschöpf des Feuers« mit einem Naturell, das dafür geschaffen ist, Menschen zu begegnen, sie mitzureißen und ihnen den richtigen Weg zu zeigen.

Teil II
Die ganz persönlichen Eigenschaften

Der Aszendent und die Stellung von Mond, Venus & Co.

Vorbemerkung

In Teil I wurde erläutert, wie man zum »Sternzeichen« Schütze kommt, nämlich dadurch, dass die Sonne zum Zeitpunkt der Geburt in diesem Abschnitt des Tierkreises stand. Nun gibt es in unserem Sonnensystem bekanntlich noch andere Himmelskörper, von denen der Erdtrabant Mond und die Planeten für die Astrologie bedeutsam sind. Sie alle haben ebenfalls entsprechend ihrer Stellung bei einer Geburt eine spezifische Aussagekraft. Obendrein spielen auch noch der Aszendent, die astrologischen Häuser und weitere Faktoren eine Rolle. Alles zusammen ergibt ein Horoskop. Dieses Wort hat seine Wurzeln im Griechischen und heißt so viel wie »Stundenschau«, weil ein Horoskop auf die Geburtsstunde (eigentlich Geburtsminute) genau erstellt wird. Es ist also eine – in Zeichen und Symbole übersetzte – Aufnahme der astrologischen Gestirnskonstellationen zum Zeitpunkt einer Geburt. Es spiegelt die vollständige Persönlichkeit eines Menschen wider.

Im Folgenden werden die neben der Sonne wichtigsten Größen eines Horoskops gedeutet: Aszendent, Mond, Merkur, Venus, Mars, Jupiter und Saturn. Sie können mit Hilfe des Geburtstags und der Geburtszeit ihre Position im Tierkreis ermitteln und dann die jeweilige Bedeutung kennenlernen. Die Interpretation dieser Horoskopfaktoren ist manchmal vom Sonnenzeichen des oder der Betreffenden abhängig, im Großen und Ganzen jedoch nicht. Entsprechend findet man in den verschiedenen Bänden dieser Buchreihe in der jeweiligen Beschreibung die gleichen oder ähnliche Aussagen.

Auf der anderen Seite ist es wichtig, zu verstehen, dass die Interpretation einer einzelnen Größe wie zum Beispiel Aszendent, Mond oder Sonne immer nur einen bestimmten Aspekt wiedergibt, der eventuell widersprüchlich zu dem sein kann, was über einen anderen Faktor gesagt ist. Die Kunst der Astrologie beruht aber gerade darauf, Verschiedenes, eventuell sogar sich Widersprechendes, miteinander zu verbinden bzw. gemäß der eigenen Intuition und Erfahrung zu gewichten.

Wie erfährt man nun, in welchem Tierkreiszeichen die weiteren Horoskopfaktoren stehen? Astrologen mussten früher tatsächlich den Himmel studieren, um herauszufinden, welche Position die wichtigen Gestirne einnahmen. Aber wie gesagt erstellten findige Köpfe schon bald Tabellen, sogenannte Ephemeriden, denen man den Lauf der Planeten entnehmen konnte. Seit der Erfindung und Verbreitung der Computertechnologie kann man nun auch auf diese Ephemeridenbücher verzichten. Man ersteht ein Astrologieprogramm, gibt Geburtstag, -zeit und -ort ein, und auf einen Klick erscheinen alle Angaben, die man braucht. Heute ist infolge der großen Verbreitung des Internets auch das eigene Astrologieprogramm überflüssig geworden. Im World Wide Web existieren Plattformen, auf denen sich ebenfalls ganz einfach die Planetenpositionen errechnen und darstellen lassen. Man kann zum Beispiel über die Homepage des Autors sämtliche Angaben über die exakte Position von Sonne, Mond, Aszendent und den weiteren Gestirnen in einem Horoskop kostenlos herunterladen. Die Adresse: www.bauer-astro.de.

Die Grafik auf Seite 92 zeigt das Horoskop eines berühmten Schützegeborenen, nämlich des Filmproduzenten Walt Disney. Er wurde am 5. Dezember 1901 um 0.30 Uhr in Chicago, Ill./USA, geboren. Das Horoskop hält den Geburtsmoment grafisch fest. Die Sonne ☉ stand im Zeichen Schütze ♐. Aber die Sonne ist nur eine Größe seines Horoskops. Man erkennt links den Aszendenten *AC*, der im Jungfrauzeichen ♍ liegt. Der Mond ☽, linke Seite, befand sich bei seiner Geburt im Zeichen Waage ♎. Außerdem sind noch viele weitere Gestirne und wichtige Punkte im Horoskop enthalten. Ein ausführliches Horoskop berücksichtigt die Position aller Gestirne und des Aszendenten und kommt erst dann zu einer umfassenden und gründlichen Persönlichkeitsdiagnose.

Der Aszendent – Die individuelle Note

Die Bedeutung des Aszendenten

Wir sprechen in diesem Buch vom Sonnenzeichen Schütze, dies ist aber wie gesagt nur *ein* Aspekt einer Persönlichkeit. Die Astrologie kennt noch viele andere, wovon der Aszendent der wichtigste ist. Für die Bestimmung des Aszendenten muss man allerdings die genaue Geburtszeit kennen. Sie ist erfahrbar, weil sie auf dem Standesamt des Geburtsorts festgehalten wird. Wenn Sie also die Zeit, zu der Sie das Licht der Welt erblickt haben, nicht kennen, können Sie dort anfragen und um Auskunft bitten.

Als ich vor über dreißig Jahren damit begann, Horoskope zu erstellen, war ich zunächst sehr erstaunt darüber, dass die Geburtszeit neben dem Geburtstag in den Büchern der Standesämter festgehalten wird. Der Geburtstag dient dem Staat neben anderen Angaben der eindeutigen Identifizierung einer Person. Aber welchen Zweck erfüllt die Geburtszeit für die Bürokratie? Für mich liegt darin auch heute noch kein größerer Nutzen als dieser: Durch die schriftliche Fixierung der Geburtszeit liefern die Behörden der Astrologie die wichtigste Berechnungsgrundlage und ermöglichen so jedem Menschen einen Blick auf den ganz persönlichen, einzigartigen Anfang seines Lebens.

Der Aszendent symbolisiert die individuelle Note. Das Sonnen- oder Tierkreiszeichen Schütze hat man ja gemeinsam mit allen Menschen, die zwischen dem 23. November und dem 21. Dezember geboren sind. Der Aszendent jedoch ergibt sich aus der ganz persönlichen Geburtszeit. Aber was bedeutet nun der Aszendent? Bekanntlich dreht sich die Erde in zirka 24 Stunden um ihre eigene Achse. Von der Erde aus gesehen, beschreibt die Sonne dabei aber einen Kreis um unseren Planeten. Dieser Kreis wird – ebenso wie beim scheinbaren Kreislauf der Sonne um die Erde innerhalb eines Jahres – in zwölf Abschnitte unterteilt: die zwölf Zeichen des Tierkreises. Entsprechend steigt am östlichen Horizont etwa alle zwei Stunden ein neues Tierkreiszeichen auf. Dasjenige, das zum Zeitpunkt einer Geburt (oder eines anderen wichtigen Ereignisses) gerade dort aufging, nennt man »Aszendent« (dieser Begriff ist abgeleitet vom lateinischen Verb *ascendere* = »aufsteigen«).

Die Deutung des Aszendenten ist auch dementsprechend: Zunächst einmal wollen die Anlagen (repräsentiert durch den Aszendenten) das Gleiche wie das Tierkreiszeichen am Himmel, nämlich »aufgehen«. Wenn jemand zum Beispiel Aszendent Widder »ist«, strebt die durch dieses Zeichen symbolisierte Kraft danach, im Leben des Menschen mit Aszendent Widder aufzugehen. Es versuchen sich also Widderkräfte zu verwirklichen. Allerdings sind mit einem bestimmten Aszendenten zwar bestimmte Muster und Energien vorgegeben. Aber es bleibt immer eine Freiheit in der Gestaltung. Je mehr es einem gelingt, sich vom Allgemeinen abzuheben, umso individueller und einmaliger wird man sein,

und umso eher erfüllt man seine eigentliche Bestimmung, nämlich ein einmaliger und unverwechselbarer Mensch zu sein.
Ergänzen sich Aszendent und Tierkreiszeichen, dann fällt dies leicht. Zuweilen sind sie aber völlig entgegengesetzt. Entsprechend fällt es einem schwerer, seinen Aszendenten neben seinem Sternzeichen in sein Leben zu integrieren. Der Aszendent dient also einerseits dazu, uns eine individuelle und besondere Note zu verleihen. Darüber hinaus begleitet den Aszendenten ein Sehnen, sich in eine kosmische oder spirituelle Kraft zu verwandeln, »in den Himmel zu steigen«, wie ja auch das tatsächliche Aszendentenzeichen sich im Osten von der Erde erhebt und gen Himmel strebt.

Auf den folgenden Seiten finden sich die zentralen oder wichtigsten Eigenschaften der zwölf möglichen Aszendenten von Schützegeborenen.
Die exakte Aszendentenposition lässt sich wie gesagt über die Homepage des Autors herunterladen (www.bauer-astro.de).

Der Schütze und seine Aszendenten

Aszendent Widder – Ein Krieger werden
Aszendentenstärken Direkt, spontan, dynamisch, durchsetzungsstark
Aszendentenschwächen Ungeduldig, launisch

Mit dem Aszendenten Widder kommt man auf die Welt, um ein Krieger zu werden. Dieses Wort bedarf einer besonderen Erklärung. Denn mit einem Krieger verbindet man gewöhnlich schreckliche Geschehnisse, schwerbewaffnete Männer (und Frauen), die – meist einem Befehl folgend – töten, foltern, vergewaltigen, enteignen, vertreiben, zerstören, vernichten. Das mögen durchaus auch unerlöste Anteile dieser Aszendentenenergie sein, sie haben aber mit einem bewussten und wissenden Umgang damit nichts zu tun. Der »Krieger« in unserem Sinne steht vielmehr für das Leben. Er verkörpert Initiative, Kraft, Lebendigkeit. Nichts, aber auch gar nichts verbindet ihn mit Zerstörung, Verletzung oder gar Tod. Im Gegenteil. Die höchste Vollendung als Krieger besteht darin, dass er alles aus dem Bewusstsein heraus tut, beim Punkt null zu beginnen. Nichts war schon einmal. Alles ist neu. Der Atem. Das Öffnen der Augen. Das Gehen. Menschen mit dem Aszendenten Widder werden ihr ganzes Leben lang immer wieder neu geboren. Alles, was ihnen widerfährt, zählt als Herausforderung.

Diese Menschen lernen aus Problemen, Schwierigkeiten und Behinderungen, so dass sie in Zukunft gewappnet sind. Auch die Angst werden sie mit der Zeit kennenlernen und wie ein Krieger an ihr wachsen. Angst gleicht einem Heer unsichtbarer Gegner. Man spürt nur, dass man bedrängt wird, eingeengt ist, nicht weiterkann. Aber hat man nicht schon bei seiner Geburt die Erfahrung gemacht, dass es immer weitergeht? Man darf nicht stehen bleiben. Wenn man nicht aufgibt, wird man immer stärker im Leben. Vielleicht muss man zuweilen nachgeben, sich aber sein Ziel immer vor Augen halten. Umwege sind denkbar und Pausen, doch den eigentlichen Weg wird man nie aus den Augen verlieren.

Mit diesem Aszendenten ist eine jugendliche Gestalt verbunden, und zudem sind so manche »wilden« Unternehmungen älteren Menschen oft nicht mehr möglich. Trotzdem sollten sie ihren Körper sorgfältig pflegen und im Rahmen des Möglichen ertüchtigen. Regelmäßige Gymnastik und eine gesunde Ernährung sind einfach unerlässlich. Noch wichtiger aber ist die geistige Beweglichkeit. Aszendent-Widder-Menschen haben in der Regel das Glück, im Alter fit im Kopf zu bleiben. Aber sie müssen ihren Geist auch immer wieder trainieren. Außerdem können sie den geistigen Alterungsprozess durch Nahrungsergänzungen (Ginkgo zum Beispiel) hinausschieben. Es geht im Alter auch darum, mehr und mehr für Inspirationen empfänglich zu werden. Sich ihnen zu öffnen bedeutet, an der Welt der Ideale, dem Sein, unmittelbar teilzuhaben.

Wenn der Tod irgendwann kommt, werden sie auch diesem Faktum als Krieger begegnen: Sie haben ihren letzten großen Kampf vor sich und stellen sich ihm – mutig, entschlossen, bereit.

Aszendenten-Check
Wie ergänzen sich Sonne und Aszendent? Das Sonnenzeichen Schütze und das Aszendentenzeichen Widder ergänzen sich großartig, machen verbal sehr stark und verleihen eine herrliche und unkomplizierte »Hoppla-jetzt-komm-ich«-Mentalität, mit der man privat wie beruflich weit kommen kann. Zu bedenken ist aber, dass man unbedingt Möglichkeiten braucht, sich frei entwickeln und entfalten zu können.

Aszendent Stier – Ein Alchemist werden
Aszendentenstärken Solide, sachlich, praktisch, sinnlich, kreativ, schöpferisch
Aszendentenschwächen Stur, inflexibel

Die Bezeichnung »Alchemist« in diesem Zusammenhang stammt von einem Koch mit dem Aszendenten im Zeichen Stier, der – erst 22 Jahre alt – bereits Chef von fünf weiteren Köchen war und mir in einer Astrologiesitzung sagte: »Ich bin eigentlich ein Alchemist. Ich mache aus einfachen Zutaten (Zucker, Mehl, Eier, Orangensaft …) ein Gericht, an dem sogar die Götter ihre Freude hätten.«
Natürlich lassen sich nicht nur einfache Lebensmittel in »Götterspeisen« transformieren. Genauso klappt es mit Häusern (Architekt), Wohnungseinrichtungen (Innenarchitekt), Pflanzen (Gärtner) und tausend anderen Aufgabenfeldern. Ich frage mich manchmal, ob die Fähigkeit mancher Menschen, ihr Geld mit Hilfe von Spekulation zu vermehren, nicht auch eine moderne Form der Alchemie darstellt. Ob vielleicht Börsianer wie die Alchemisten im Mittelalter Beschwörungsformeln aussprechen, damit ihre Aktien steigen?

Alles lässt sich im Sinne der Alchemie in einen höheren Zustand transformieren. Es ist eine Frage des Bewusstseins. Wenn man sich einmal darüber klar ist, dass man diese Gabe besitzt, geht man anders durchs Leben, nämlich in der Absicht, zu verschönern, alles sinnlicher, angenehmer, vollendeter werden zu lassen. Dann blühen plötzlich Rosen in prächtigeren Farben, der Himmel bekommt ein tieferes Blau, und das Glas Wasser, das man gerade trinkt, schmeckt wie ein nie gekosteter Hochgenuss: Die eigenen Sinne zu verfeinern ist der erste Schritt eines Alchemisten – das Sehen, Hören, Riechen, Schmecken, Tasten. Dann folgt der zweite: die Welt draußen formen, sein Outfit, die Wohnung, das Büro. Am Anfang braucht ein Alchemist noch Zeiten des Rückzugs, um sich zu sammeln und seine eigene Sinnlichkeit abseits allen Treibens zu trainieren. Aber mit der Zeit wird die ganze Welt sein Experimentierraum, und sein »Unterricht« dauert 24 Stunden. Selbst seine Träume beginnen, sich zu gestalten, bekommen intensivere Farben und erzählen von fernen Welten – dem Garten Eden oder dem Schlaraffenland.

Der große Erleuchtete Buddha war sowohl von der Sonne als auch vom Aszendenten her ein Stier. Es heißt, dass dort, wo er ging, die Vögel noch lieblicher sangen und die Blüten der Bäume noch intensiver dufteten. Auch Orpheus, einem anderen erleuchteten Wesen, kann man ruhig einen Stieraszendenten »andichten«, obwohl natürlich keine offiziellen Angaben über seine Geburt existieren. Dem Mythos zufolge sang er so vollendet, dass alles um ihn herum verstummte: die Vögel und die Insekten, sogar die Wellen des Meeres und der Wind. Wie ein Buddha, wie Orpheus, so sollen Menschen mit dem Aszendenten Stier durchs Leben gehen.

Im Alter schwindet so manche der Sinnesfreuden: Essen und Trinken haben meist nur noch nährende Funktion, der reine Sex reduziert sich auf ein bescheideneres Maß. Ausgleichend und die Sinne verfeinernd wirkt zum Beispiel die Beschäftigung mit Kunst, egal, ob man sich ihr nur betrachtend oder durch eigenes künstlerisches Tun widmet. Menschen mit dem Aszendenten im Zeichen

Stier können jeden Ort, an dem sie leben, zum Garten Eden werden lassen.
Auch dem Tod begegnet ein Alchemist mit dem Mut, ihn zu erhöhen. Er stirbt nicht in Umnachtung, bewusstlos, verkrampft. Er nimmt die letzte große Aufgabe dieses Lebens an und schreitet anmutig hinüber in ein anderes.

Aszendenten-Check
Wie ergänzen sich Sonne und Aszendent? Das Sonnenzeichen Schütze und das Aszendentenzeichen Stier sind gegensätzlicher Natur. Ideen gegenüber reagiert man eher skeptisch und setzt verstärkt auf eine praktische Vernunft. Im Extremfall neigt man dazu, alles abzulehnen, was nicht hieb- und stichfest ist. Man sollte lernen, seinen eigenen Ideen mehr zu vertrauen und Anregungen sowie Kritik von anderen anzunehmen.

Aszendent Zwillinge – Ein Kundschafter werden

Aszendentenstärken Gewandt, beredt, vielfältig, kommunikativ, verbindend
Aszendentenschwächen Zerstreut, unsicher

Wer unter dem Aszendenten Zwillinge auf die Welt kommt, ist immer irgendwie unterwegs – in Wirklichkeit oder in Gedanken. Er nimmt von hier etwas mit, trägt es nach dort, tauscht es mit etwas anderem aus und trägt das dann wieder mit sich fort. Dieser Aszendent macht zu einem Kundschafter, zu einem, der erforscht, entdeckt, ausspioniert, analysiert – und der sein Wissen dann weitergibt. Die Betroffenen behalten es nicht für sich, wenigstens nicht dauerhaft wie jemand mit dem Aszendenten Stier, der das, was er hat, behält und vermehrt. Die Bestimmung der Menschen mit Zwillingeaszendent lautet anders: Sie sind der Welt immer nur eine Zeitlang teilhaftig, verbinden sich, behalten, lassen wieder los.
Ein Kundschafter ist wissbegierig. Wo immer er sich aufhält, was immer er tut, er nimmt es mit all seinen Sinnen auf. Dennoch

bleibt er in seinem Inneren neutral, er hält Distanz, er lässt sich nicht vereinnahmen. Er geht durchaus eine Beziehung ein. Er ist, was er tut, und ist es auch wieder nicht. Ein »Macher« und »Beobachter« zugleich. Insofern wird er auch immer irgendwie gespalten sein, doppelt – ein Zwillingswesen eben.

Menschen mit Zwillingeaszendent treten nicht als Krieger und Eroberer und auch nicht als Verteidiger und Beschützer auf. Sie sind neutral und friedlich. Ein Kundschafter sein bedeutet, die Kunst der Neutralität bei jeder Gelegenheit zu trainieren. Das heißt nicht, dass man keine Emotionen mehr haben soll. Aber man lernt zunehmend, sich von außen zu betrachten, sich selbst zu beobachten. Auf diese Weise identifiziert man sich immer weniger mit seinen oder den Gefühlen seiner Mitmenschen. Das bringt einem dann auch gelegentlich den Vorwurf der Oberflächlichkeit ein. Denn sich in allem wiederzufinden lässt einen an Tiefe verlieren. Damit muss man mit diesem Aszendenten leben. Kunde nehmen, Kunde weitertragen, Kunde bringen: Darin liegt die Bestimmung.

Zwar wird es um Menschen mit einem Zwillingeaszendenten auch im Alter nicht so schnell ruhig, weil sie sich vorausschauend mit genügend Kontakten »eindecken«. Dennoch hinterlassen die Jahre ihre Spuren. Dann kommt es darauf an, ob man weiß oder zumindest ahnt, dass alles, was man in der Außenwelt suchte, eigentlich schon immer in einem selbst war und dass »allein sein« auch »alleins sein« bedeutet. Dann bringt das Alter Schönheit und tiefe Befriedigung.

Aszendenten-Check
Wie ergänzen sich Sonne und Aszendent? Das Sonnenzeichen Schütze und das Aszendentenzeichen Zwillinge liegen sich im Tierkreis genau gegenüber, stehen also für völlig konträre Qualitäten: Einerseits ist man schützehaft-idealistisch und orientiert sich an dem, was fern ist, andererseits (Zwillinge) interessiert einen gerade das Nächstliegende und Vordergründige. Man kommt mit diesen beiden Seiten umso besser klar, je mehr man sich selbst die

beiden entgegengesetzten Anlagen zugesteht und nicht versucht, sich in eine Richtung zu zwängen.

Aszendent Krebs – Ein Träumer werden
Aszendentenstärken Gefühlvoll, häuslich, sensibel, fürsorglich, mystisch, spirituell
Aszendentenschwächen Launisch, abhängig

Ein besonderes Problem, dem sich Menschen mit Krebsaszendent stellen müssen, beschert ihnen der Helferplanet Mond, der auf die leibliche Mutter verweist. Bildlich gesprochen, hängen sie noch Jahre nach der Geburt oder gar ihr Lebtag lang an der Nabelschnur. Diese Prägung auf die Mutter steht in krassem Widerspruch zu der Botschaft, die einem Aszendenten grundsätzlich innewohnt, nämlich ein eigenständiges Individuum zu sein – frei, unabhängig, einmalig. Aber wie soll ihnen das gelingen, wenn ihre Mutter als Vorbild im Horoskop vorgegeben ist? Eine vertrackte Angelegenheit!
Ich meine, dass sich Menschen mit dem Aszendenten im Zeichen Krebs ein eigenes, unabhängiges Verständnis der Mutterrolle (oder des Mutterbildes) erarbeiten sollten. Sie müssen sich gewissermaßen selbst »abnabeln«. Das wird schwierig und auch sehr schmerzvoll sein. Dabei darf es ihnen nicht darum gehen, besser als ihre Mutter zu werden. Sie müssen eine eigene »Mutter-Krebs-Qualität« entwickeln, schöpferisch sein und über die alten Muster hinaus einen Weg in die Eigenständigkeit finden.
Nur auf diese Weise lässt sich der Widerspruch lösen, der in dieser Konstellation liegt. In einer ewigen Antihaltung hängen zu bleiben (bloß keine Mutter sein) oder sich anzumaßen, die eigene Mutter zu überbieten, wie es oft bei Menschen mit einem Krebsaszendenten zu beobachten ist – meist sind es Töchter –, blockiert das Leben. Eine eigenständige Mutter zu sein heißt, auf den Grund des Wassers zu tauchen. Dort finden sie die nötigen Puzzlesteine, um das eigene Bild zu vollenden.

Menschen, die mit dem Krebsaszendenten geboren werden, haben besonders leicht Zugang zu einer Zwischenwelt, einem Bereich zwischen dem sogenannten Realen und dem Spirituellen. Sie tauchen immer wieder in diese Welt ein – ob im Schlaf oder in einem Tagtraum – und tanken Kraft und erhalten Eingebungen. Träume sind eine große Quelle der Wahrheit. Allerdings haben sie viel von ihrer heilenden und heiligen Kraft eingebüßt, seitdem die Wissenschaft sie physiologisch bzw. psychologisch zu erklären sucht. Dass Träume auch eine Verbindung zur göttlichen Welt bedeuten, blieb dabei scheinbar auf der Strecke. Besonders Menschen mit dem Aszendenten im Zeichen Krebs dürfen sich davon nicht beeinflussen lassen. Ein Träumer zu sein bedeutet, die Quelle allen Seins wieder ins Leben zu integrieren. Dann bekommt die reale Welt Spuren der anderen, wird intensiv, lebendig, schöpferisch. Man erlebt sie wie ein Künstler – ein Maler, Musiker, Dichter. Vor allem aber fließt Mitgefühl in das reale Leben ein. Denn in der spirituellen Welt existiert kein Ego, das meint, sich gegen andere Egos behaupten zu müssen. Alles ist mit allem in unendlicher Liebe verbunden. Ein Träumer zu sein bedeutet jedoch keineswegs, mit halbgeschlossenen Augen durch die Weltgeschichte zu wandeln. Im Gegenteil, die Verbindung zur Anderswelt lässt einen das Leben hier bewusster und intensiver wahrnehmen.

Wenn der Mensch mit dem Aszendenten Krebs einmal alt geworden ist und dem Tod begegnet, wird er ohne Zaudern hinübergehen in die Welt, die schon immer seine Heimat war.

Aszendenten-Check
Wie ergänzen sich Sonne und Aszendent? Das Sonnenzeichen Schütze und der Aszendent Krebs sind ausgesprochen konträr. Sie bewirken nämlich sowohl eine besonders starke intellektuelle Veranlagung als auch ein intensives Gefühlsleben. Aufgabe ist es dann, die beiden Seiten miteinander in harmonischer Weise zu verbinden, keine zu negieren, aber auch keine übermäßig zu betonen.

Aszendent Löwe – Ein Glücksbringer werden
Aszendentenstärken Selbstbewusst, großzügig, sonnig, herzlich, schöpferisch
Aszendentenschwächen Stolz, träge

Wer unter dem Aszendenten Löwe das Licht der Welt erblickt, macht alle glücklich: Ein Königskind ist geboren, mögen die Verhältnisse unter dem Dach, das seine Wiege beherbergt, auch noch so ärmlich sein. Mit ihm zieht das Glück ein, und das bleibt im Grunde ein Leben lang so, wenn nicht widrige Umstände den natürlichen Charme dieser Menschen brechen. Auch Erwachsene umgibt eine besondere Ausstrahlung, eine »Grandezza«, die signalisiert: »Alle mal hersehen, jetzt komme ich!« Irgendwann hat man auch den entsprechenden Hofstaat (allesamt irgendwie besondere Typen) und in der Regel auch das nötige Kleingeld, um sich ein Dasein in Würde leisten zu können.

Aber es reicht nicht, sich sein Lebtag lang nur im Glanz dieses Sternzeichens zu sonnen. Mit dem Aszendenten ist einem auch der Auftrag in die Wiege gelegt, dem Leben Glanz, Freude und Fröhlichkeit zu verleihen und den Mitmenschen eben Glück zu bringen. Das ist eine schwierige Aufgabe, denn für das, was ein glückliches Dasein wirklich ausmacht, mangelt es in unseren Zeiten immer mehr an Verständnis. Nur wenige leben in solch einem Glück und verbreiten es. Wir reden nicht vom Lottogewinn oder von einer steilen Karriere, sondern von dem Glück, das Fröhlichkeit in die Augen zaubert, Selbstgewissheit schafft, einen mit Zuversicht in die Zukunft blicken lässt und in diesem Vertrauen sorglos macht. Das ist ausgesprochen rar.

Muss man nun, um solch ein Glück verbreiten zu können, über materiellen Reichtum verfügen? Wenn ja, womit soll jemand, der arm wie die sprichwörtliche Kirchenmaus ist, seinem Leben Glanz verleihen? Nun, erstens ist ein Mensch mit Löweaszendent niemals so bedürftig; zweitens geht es nicht um das persönliche, sondern um das Leben schlechthin; und drittens kann man selbst unter den kargsten Bedingungen wie ein Sonnenkönig wirken.

Die Schönheit der Natur beschränkt sich ja nicht auf eine Rose oder Lotusblüte, wir erkennen sie genauso bei einem Vergissmeinnicht oder Gänseblümchen. Nichts kann einen also daran hindern, Glück zu verbreiten, ein Glücksbringer zu sein – außer man selbst. Wenn ein Mensch mit jenem wunderbaren Aszendenten die Welt nicht für »würdig« erachtet, dieses Füllhorn zu empfangen, versündigt er sich durch solche Hybris an seiner Geburt und seinem Aszendenten. Die Sonne wählt nicht aus, wem sie ihr Licht schenkt und wem nicht. Sie verbreitet ihr Licht und ihren Glanz nicht, um zu imponieren. Das hat sie nicht nötig. Auch diese Menschen müssen nicht um Anerkennung buhlen. Bedeutsamkeit haben sie allein schon durch ihre Geburt unter dem aufgehenden Löwezeichen. Sie brauchen sich nichts mehr zu beweisen.

Älter zu werden fällt nur denjenigen schwer, die sich ausschließlich in ihrem Glanz sonnen, ihn aber nicht verschenken. Wer sich dem Leben hingibt, ergibt sich auch mit Leichtigkeit dem Tod.

Aszendenten-Check
Wie ergänzen sich Sonne und Aszendent? Das Sonnenzeichen Schütze und das Aszendentenzeichen Löwe ergänzen sich großartig. Man wird damit immer Menschen finden, die einem weiterhelfen. Umgekehrt ist man beinah dafür geboren, in einer Gruppe der natürliche Anführer zu sein. Hierarchien sind einem allerdings eher unangenehm. Nimmt man selbst eine leitende Position ein, strebt man nach einem Mit- und keinem Übereinander.

Aszendent Jungfrau – Ein Prophet werden

Aszendentenstärken Zuverlässig, logisch, nachdenklich, planend, vorausschauend, visionär
Aszendentenschwächen Pessimistisch, kritisch

Alles im Kosmos folgt einer Ordnung, entsteht, wächst, vergeht und fließt in einen neuen Zyklus ein. Menschen mit dem Aszendenten Jungfrau sind mit dieser Ordnung in spezieller Weise verbunden. Solche Nähe macht sie empfänglich für besondere Einsichten und Visionen und schenkt ihnen die Fähigkeit, Erfahrungen oder Botschaften – ähnlich dem Götterboten Hermes/Merkur – auf die Erde und unter ihre Mitmenschen zu bringen. Auch wenn sie sich dessen meist selbst nicht bewusst sind, sagen und tun sie zuweilen Dinge, die sich nur so erklären lassen. Menschen mit Aszendent Jungfrau warnen zum Beispiel vor Gefahren oder benennen Risiken. Das führt manchmal zu einer ausgesprochenen Medialität. Ich kenne viele Medien, Kartenleger oder Astrologen mit Jungfrauaszendent. Bei ihnen paart sich das Wissen um eine natürliche Ordnung mit höheren Eingebungen oder Inspirationen. Sie erkennen die Gesetze des physischen Daseins, wissen also, wie die »Räder des Lebens« ineinandergreifen, und bereichern diese darüber hinaus mit Ideen, die ihnen zufallen. Auch viele Psychologen, Therapeuten, Lehrer, Sozialarbeiter, Ärzte und Krankenpfleger mit dieser astrologischen Kombination bestätigen, dass sie jenseits von Wissen und Erfahrung über Quellen verfügen, die ihnen bei ihrer Arbeit von unschätzbarem Nutzen sind.

Grundsätzlich verfügt jeder Mensch mit Aszendent Jungfrau über einen Zugang und »bedient« damit sich selbst und seine Mitmenschen, erteilt Ratschläge, verweist auf Gefahren und Risiken, spricht Warnungen aus. Wenn man allerdings den Himmel als Ziel aus den Augen verliert und sich nur noch am irdischen Alltag orientiert, läuft man Gefahr, alles und jeden zu »benoten«. Daraus wird dann schnell Schwarzmalerei und Defätismus. Es gibt Menschen mit diesem Aszendenten, die die Angewohnheit haben, jeden Impuls mit dem typischen Aszendent-Jungfrau-Satz »Das klappt sowieso nie!« im Keim zu ersticken. Dass sie dann oft auch noch recht behalten, macht das Ganze nur noch schlimmer.

Fraglos befähigt dieser Aszendent zum »zweiten Gesicht«. Man vermag Phänomene zu »sehen«, die anderen verborgen bleiben, und besitzt »magische Flügel«, die in die Zukunft tragen. Dieses Wissen aber gilt es, behutsam und verantwortlich einzusetzen. Sonst richtet es mehr Unheil an, als es Gutes bringt.

Im Alter wird die Kenntnis dessen, was auf die Jungfrauaszendenten zukommt, immer größer, bis sie wissen, was sie erwartet, wenn sie einmal hinübergegangen sind in ein neues Leben.

Aszendenten-Check
Wie ergänzen sich Sonne und Aszendent? Das Sonnenzeichen Schütze und das Aszendentenzeichen Jungfrau ergänzen sich zwar, doch das Ergebnis ist nicht nur und automatisch positiv. Man stellt nämlich sehr hohe Ansprüche an sich, ist aber zugleich ein Mensch, der Egoismus verachtet und sich selbst eher im Hintergrund hält. Das bringt Schwierigkeiten, weil man mehr will, als man zu leisten bereit ist. Man sollte lernen, seine Ansprüche allmählich aufzubauen, und versuchen, auch sich selbst zu lieben. Ein weiteres Problem ist die Neigung, der Gefühlswelt einen geringeren Rang im Vergleich zur Verstandeswelt einzuräumen.

Aszendent Waage – Die Liebe finden
Aszendentenstärken Anmutig, charmant, stilvoll, liebesfähig
Aszendentenschwächen Abhängig, unecht

Menschen mit dem Aszendenten Waage sind die personifizierte Harmonie und verbreiten eine friedliche, angenehme Stimmung. Das Sein erleben sie dual, das heißt stets aus doppelter Perspektive. Bezieht jemand eine bestimmte Position, dann übernehmen sie beinah automatisch die entgegengesetzte. Dazu benötigen sie noch nicht mal ein Gegenüber. Auch in sich selbst geht es stetig hin und her, als gäbe es dort zwei sich widersprechende Parts und Perspektiven. So wie sie die jeweilige Gegenposition vertreten, können sie aber auch dann, wenn derartige Polaritäten schon gegeben sind, den gemeinsamen Nenner finden. Sie verbinden, vermitteln, gleichen aus, führen zusammen.
Menschen mit Waageaszendent werden in solche Familien und Ehen hineingeboren, in denen der Hausfrieden »schief«-hängt. Wenn sich ein Paar streitet oder gar an eine Trennung denkt,

kommt ein Kind mit Aszendent Waage, um in einem vielleicht letzten Versuch die Ehe zu kitten. Solche Kinder sind regelrechte Genies darin, bei Streithähnen Frieden zu stiften. Sie bringen einen »Sternenstaub der Versöhnung« auf die Erde, mit dem sich eine Trennung oft genug hinausschieben lässt. Diese Gabe haben auch Menschen, die unter dem Sternzeichen Waage geboren werden. Sie sind sogar noch erfolgreicher darin, Ehen zu retten. Wer mit dem Aszendenten Waage geboren wird, so habe ich mehrfach festgestellt, schiebt die Trennung eher auf, als dass er sie für immer verhindern könnte.

Die Bedeutung des Aszendenten liegt in der Betonung der Eigenheit oder Persönlichkeit, die einen Menschen ausmacht. Er ist Motor für das Bestreben, sich aus dem Sog der Familie und des Clans zu befreien, um ein eigenes Leben zu führen. Darum muss er irgendwann sein »Nest« verlassen und sein verbindendes Wirken aufgeben. Dennoch erleben Menschen mit dem Aszendenten Waage es dann doch als eine innere Niederlage, wenn sich ihre Eltern trennen. Sich die Logik klarzumachen, die dem Aszendenten innewohnt, vermag dann durchaus eine Hilfe zu sein.

Auch im Erwachsenenalter bleiben Menschen mit Waageaszendent der Liebe verpflichtet. Sie verschenken sie großzügig, wenn sie sie gefunden haben, und sind voller Inbrunst auf der Suche nach ihr, wenn sie ihnen gerade »entwischt« ist. Eigentlich jedoch ist ihr ganzes Leben ein Warten auf die ganz große Liebe. Warum bloß, wird man fragen, finden Menschen, die für die Liebe geboren sind, diesen einen und einzigen Partner so selten?

Die Antwort lautet: Es gibt ihn so nicht. Ein Partner, der Liebe pur ausstrahlt, nach Liebe riecht, nach Liebe schmeckt, ein Partner voller innerer und äußerer Schönheit, der göttlich lieben, sich geistreich unterhalten, sich vollständig hingeben kann und dennoch immer er selbst bleibt: Wo, bitte, findet sich solch ein Mann, solch eine Frau? Es ist der enorme Anspruch, der Menschen mit diesem Aszendenten im Wege steht. Er ist schlicht und einfach *zu* hoch. Die große Liebe der Waageaszendenten findet keine Erfüllung bei einem Wesen aus Fleisch und Blut. Erst wenn ihre Liebe zum Geschenk an das Leben wird – an ein Gedicht, an Musik, einen Baum –, fühlen sie sich am Ziel. Dann können sie jemanden auch aus ganzem Herzen lieben, weil diese Liebe nicht mehr so groß sein muss.

Vor allem im Alter strahlen Menschen mit Aszendent Waage eine Liebe aus, die auf niemand Bestimmtes mehr ausgerichtet ist und dennoch jedem zukommt. Dann wird auch irgendwann der Tod ein Teil des Lebens und verbindet sich mit ihm.

Aszendenten-Check
Wie ergänzen sich Sonne und Aszendent? Das Sonnenzeichen Schütze und das Aszendentenzeichen Waage passen beinah zu gut zusammen. Der damit verbundene Einfallsreichtum kann nämlich so groß werden, dass man sich darin verliert.

Aszendent Skorpion – Unsterblich werden
Aszendentenstärken Furchtlos, unergründlich, bewahrend, leidenschaftlich
Aszendentenschwächen Misstrauisch, starr

Von dem großen Propheten Mohammed stammt der Satz: »Stirb, bevor du stirbst.« Und der Mystiker Jakob Böhme hat gesagt: »Wer nicht stirbt, bevor er stirbt, der verdirbt, wenn er stirbt!« So oder ähnlich lautet auch der Leib-und-Magen-Spruch von Menschen, die unter dem aufgehenden Skorpionzeichen geboren wurden. Das bedeutet in gar keiner Weise, dass sie real gefährdeter wären als andere. Im Gegenteil, Menschen mit dem Skorpion als Aszendent werden älter als die meisten und scheinen dabei noch robuster, also gesünder zu bleiben als ihre Zeitgenossen. Es geht auch beileibe nicht immer gleich um Leben und Tod. Diese beiden Wörter stehen nur symbolisch für das duale Lebensspiel, dem alles folgt: Kommen und Gehen, Begegnen und Trennen, Halten und Loslassen, Tag und Nacht, Plus und Minus. Jeder Mensch hat sich dieser Dualität zu stellen. Aber wer unter dem aufsteigenden Skor-

pionzeichen geboren wurde, ist ihr besonders ausgeliefert. Er muss in diesem »Fach« seinen Meister machen.
Ein wichtiger »Prüfungsstoff« auf dem Weg dorthin lautet, dem Schein zu misstrauen. Schon als Kinder entwickeln unter diesem Zeichen Geborene einen Blick für alles Falsche, Seichte und Aufgesetzte und schneiden notfalls tief ins »Fleisch«, wenn sie einen faulen Herd vermuten. Wozu? Weil Schwäche, Falschheit und Unaufrichtigkeit keinen Bestand haben vor dem Tod. Nur echte und starke »Materialien« können der Vergänglichkeit trotzen. Das bezieht sich auch auf ihre Beziehungen. Jeden potenziellen Partner, dem sie begegnen, unterziehen diese Aszendenten bewusst oder unbewusst einem sofortigen Check, um herauszufinden, ob der andere ihrem Wunschpartner entspricht, ob sie mit ihm – symbolisch gesagt – »dem Tod trotzen« können.
Kinder gehören natürlich zum Lebensskript dieser Menschen. Sie stehen sogar ganz oben in der Karmaliste. Von hundert Skorpionaszendenten bekommen 99 mindestens ein Kind – weil Kinder die sicherste Waffe gegen den Tod sind. In ihnen lebt es doch weiter, das Blut, das Erbe, der Name, die Erinnerung. Dass diese Regel nicht für jeden mit Aszendent Skorpion zutrifft, liegt lediglich daran, dass ein Horoskop eben nicht nur aus dem Aszendenten besteht.
Der Aszendent Skorpion verbindet ebenso mit den Ahnen. Es fällt einem daher immer auch die Aufgabe zu, sich um die Vergangenheit zu kümmern, sie in Ehren zu halten und sie – wenn nötig – in ein anderes Licht zu rücken, um (Karma-)Schulden einzulösen. Aber es existiert auch ein anderer Weg der Unsterblichkeit. Ich weiß von Menschen mit diesem Aszendenten, die keinerlei Angst mehr vor dem Leben haben und damit auch nicht vor dem Tod. Sie wissen, dass es immer weitergeht. Sie nehmen jeden Moment ihres Daseins als das Einzige, was zählt. Insofern sind sie unsterblich und ewig geworden. Diese Gnade erwächst aus der Hingabe an das Leben von Moment zu Moment, wie es im Aszendenten Skorpion angelegt ist. Wenn sich diese Energie aufrichtet, nach oben steigt, wird sie frei von jeglicher Schwere. Die Astrologie

schuf dafür ein wunderbares Bild: Sie erhob den erlösten Skorpion zum weisen Adler. Befreit aus der Enge des stacheligen Skorpionpanzers entweicht dieser Vogel und hebt sich in den Himmel der Unendlichkeit.
Von Moment zu Moment leben bedeutet aber auch, jeden Augenblick loszulassen – auch dann, wenn es dereinst hinübergeht in eine andere Welt.

Aszendenten-Check
Wie ergänzen sich Sonne und Aszendent? Das Sonnen- und das Aszendentenzeichen sind sehr verschieden, was zu inneren Spannungen führen kann. Aber Probleme sind ja bekanntlich nicht nur hinderlich, sondern bringen auch weiter, und das wird bei dieser Kombination mit fortschreitendem Alter auch immer wahrscheinlicher. Am schwierigsten ist es, damit fertig zu werden, dass man sich sowohl eine tiefe Bindung wünscht als auch frei und unabhängig bleiben will.

Aszendent Schütze – Seelenheiler werden
Aszendentenstärken Optimistisch, aufgeschlossen, mitreißend, jovial, beseelend
Aszendentenschwächen Unrealistisch, leichtgläubig

Eine Seele, die sich inkarniert, während sich im Osten das Tierkreiszeichen Schütze in den Himmel schiebt, wird immer von Trost und Hoffnung begleitet. Wer unter diesem Aszendenten geboren wird, dem haften wundersame Fähigkeiten an: Er vermag Wunden zu heilen, die die Zeit geschlagen hat, und kann – Engeln oder kleinen Göttern gleich – dem Schicksal Schönheit und Würde verleihen.
Noch bei jedem Menschen mit dieser Konstellation, der in meine Praxis kam, gab es in der Vergangenheit ein Unglück, das nach menschlichem Ermessen nicht hätte geschehen müssen. Angehörige starben beispielsweise bei einem unnötigen Einsatz im Krieg

oder wegen fehlender oder falscher medizinischer Hilfe. Solche Tragödien werden in den Familien nicht ad acta gelegt, sondern an spätere Kinder weitergegeben, die dann mit einem Aszendenten Schütze auf die Welt kommen. Diese nehmen sich auf ihre Weise des »Versagens« vergangener Zeiten an und versuchen, das Schicksal von damals durch ihre Lebensführung zu verändern. Sie wollen verhindern, dass es noch einmal so schrecklich zuschlägt. Niemand bittet diese Menschen um Hilfe oder gar um Vergeltung. Nur die wenigsten von ihnen werden sich jemals bewusst darüber, was sie eigentlich tun. Und dennoch macht sich ein Anteil in ihnen von Kindesbeinen an auf den Weg, in das Schicksal einzugreifen. Sie kommen auf die Welt, öffnen die Augen und würden, könnten sie sprechen, sagen: »Jetzt komme ich und vertreibe eure Sorgen und bringe Hoffnung. Jetzt wird alles gut.«

Menschen mit diesem Aszendenten sind häufig noch mit achtzig fit und treiben gar Sport. Sie bleiben auch im Kopf rege. Zuweilen fällt ihnen die große Gnade zu, bewusst und klaren Geistes die Schwelle des Todes zu übertreten – wissend, dass dies nicht das Ende ist.

Aszendenten-Check
Wie ergänzen sich Sonne und Aszendent? Ist man vor oder auch genau bei Sonnenaufgang geboren, steht die Sonne im ersten Haus. Dann ist man ein besonders lebendiger, aktiver, idealistischer Mensch, für den all das, was über Schützegeborene im ersten Teil des Buches geschrieben wurde, besonders stark zutrifft.

Ist man hingegen nach Sonnenaufgang geboren, ist man eher ein nachdenklicher, sensibler Mensch, der es nicht einfach hat, seine Schützeeigenschaften zu leben. Man verfügt dafür über besondere mentale und künstlerische Begabungen und ist seiner Zeit häufig voraus. Durch unkonventionelles und schöpferisches Denken lassen sich neue (berufliche) Wege einschlagen. Wichtig ist, seine spirituelle Seite mit fortschreitendem Alter immer stärker zu fördern.

Aszendent Steinbock – Wahrhaftig werden
Aszendentenstärken Sachlich, objektiv, gerecht, zäh, erfahren
Aszendentenschwächen Hart, kalt

Das Sternzeichen Steinbock regiert auf der nördlichen Halbkugel der Erde die kalte Jahreszeit. Daher begleitet auch jeden, der unter diesem Aszendenten auf die Welt kommt, ein Hauch winterlicher Stimmung – obwohl ihre Geburt schon in das Ende des Winters fällt. Damit verbunden ist eine große Widerstandsfähigkeit, auch wenn die nicht immer gleich vom ersten Atemzug an erkennbar ist. Menschen mit Steinbockaszendent kommen sogar öfter zart besaitet, zuweilen sogar mit einer Schwäche auf die Welt. Aber das Leben konfrontiert sie von Anfang an mit Härtetests nach dem Motto »Gelobt sei, was hart macht« bzw. »Du schaffst es, oder du hast hier nichts verloren«. Dieser rauhe Empfang verfolgt nur den einen Zweck: Widerstandskraft zu wecken, abzuhärten und einzustimmen auf ein Leben, das viel von einem verlangt. Das Neugeborene bekommt aber auch bedeutsame Unterstützung: Dieser Mensch wird Gipfel stürmen. Etwas Besonderes leisten. Ruhm und Ehren erlangen. Er wird kein Schwächling werden, keine »Schande« bringen, kein x-beliebiges Rädchen im Getriebe des Lebens sein. Wenn ein Kind mit Aszendent Steinbock das Licht der Welt erblickt, überkommen Familie und Sippe großer Stolz. Aber es zieht zugleich Kühle ein. Diese Kinder werden weder Wärme noch Gemütlichkeit verbreiten. Mit ihnen kann man auch nicht stundenlang zärtlich schmusen. Lässt man mal fünf gerade sein, fühlt man sich in ihrer Nähe sogar ein wenig schuldig.

Später sind sich Menschen mit Aszendent Steinbock ihrer selbst sicher und leben nach festen Prinzipien und Regeln. Durch ihre Klarheit gehen sie ihrem Umfeld oft als Beispiel voran, geben Orientierung und stehen mit gutem Rat bereit. Sie beeindrucken vor allem durch ihre Standfestigkeit, weswegen sie in Notsituationen gern aufgesucht werden. Ihre Geradlinigkeit und Sachlichkeit scheinen sie unanfechtbar zu machen. Und doch können gerade diese Eigenschaften sie ins Schleudern bringen. Denn wenn man zu sehr an der Materie haftet, wird man mit der Zeit hart und spröde.

Falls man meint, die Bestimmung bestehe ausschließlich darin, sich gegen die Wogen des Lebens zu stemmen, um erfolgreich zu sein, nimmt mit fortschreitendem Alter der Körper eine verspannte Haltung ein. Vor allem Rücken und Knie sind davon betroffen. Wenn man hingegen sein Handeln auf der Erde als vorübergehend betrachtet und die Ausrichtung nach oben nicht verliert, erfährt man durch kosmische Fürsorge den Trost, den man für sein hartes Dasein braucht. Vor allem aber erfährt man sein Leben als getragen von Sinn und Bestimmung. Von solchen Menschen geht dann tatsächlich ein inneres Leuchten aus, das anderen Kraft und Sicherheit verleiht.

Im Alter wird alles leicht. Die Unbeschwertheit vermischt sich mit Weisheit und schenkt den Betreffenden glückliche Jahre, so dass sie, kommt dereinst der Tod, leichten Fußes in die andere Welt hinübergehen können.

Aszendenten-Check

Wie ergänzen sich Sonne und Aszendent? Das Sonnenzeichen Schütze und das Aszendentenzeichen Steinbock verkörpern völlig entgegengesetzte Kräfte. Infolge des Schützenaturells ist man eher aufgeschlossen, weltoffen und idealistisch. Die Steinbockveranlagung jedoch setzt einen unter Druck, vorsichtig, kritisch und distanziert vorzugehen. Dieser Widerspruch kann dazu führen, dass man sich und anderen gegenüber sehr hart ist, was Schwächen und Fehler betrifft. Im Laufe des Lebens wird aus dem »Entweder-oder« allerdings ein »Sowohl-als-auch«. Es gelingt immer besser, beide Seiten zu leben.

Aszendent Wassermann – Einmalig werden
Aszendentenstärken Human, frei, unkonventionell, erfinderisch, individualistisch
Aszendentenschwächen Exzentrisch, nervös

Ein Mensch, der auf die Welt kommt, während am östlichen Horizont das Sternzeichen Wassermann aufgeht, ist voller Rätsel: Wer ist er? Woher stammt er? In aller Regel gleicht er weder der Mutter noch dem Vater, so dass zumindest bei Letzterem früh Zweifel an seiner Vaterschaft aufsteigen. Aber auch die Mutter blickt skeptisch auf ihr Kind und fragt sich im Stillen, ob es womöglich nach der Geburt vertauscht wurde, so wenig ähnelt es ihr oder ihrem Mann. Zunächst verwirren äußerliche Merkmale wie Nase, Augen und Haarfarbe. Später kommen Irritationen über sein Wesen und sein Verhalten dazu. Beinah befremdlicher ist jedoch die Tatsache, dass der Nachwuchs sein Anderssein anscheinend auch noch kultiviert. Er widersetzt sich allen Erwartungen und wehrt sich vehement dagegen, in irgendein Schema gepresst zu werden.

Was Menschen mit einem Wassermannaszendenten nicht ausstehen können, sind Gesetze und Regeln a priori. Sie hassen alles, was so ist, weil es so ist oder so zu sein hat. Für sie zählen Einsicht, Vernunft und Verstehen. Man könnte auch sagen, sie folgen einer Moral, die schon vor ihrer Geburt in ihr Hirn gepflanzt wurde.

Menschen mit Wassermannaszendent stehen von Kindheit an mit Autoritäten auf dem Kriegsfuß. Heftige Auseinandersetzungen während der Pubertät bleiben bei diesem ausgeprägt individualistischen Charakter kaum aus. Dass es solche Kinder früh aus dem Haus zieht, ist nur konsequent. Man lasse sie gehen. Sie finden ihren Weg hinaus – und auch wieder einen zurück.

Im Erwachsenenalter kommen auch diese lebhaften Wesen etwas zur Ruhe. Sie dürfen aufatmen. Allerdings sollten sie sich tunlichst ersparen, in einem allzu autoritären und hierarchisch gegliederten Umfeld zu arbeiten und zu leben. Das klappt mit diesem Aszendenten nicht. Passend sind Berufe mit kreativem Potenzial und möglichst offenen Arbeitszeiten. Vierzehn Stunden als Beleuchter beim Film, wovon nur acht Stunden bezahlt werden, machen zufriedener denn verbriefte acht Stunden als Beamter auf Lebenszeit. Menschen mit Aszendent Wassermann werden auch aus einem ersten Kuss nie gleich ein »Immer-und-Ewig« machen. Sie sind ausgesprochen freiheitsliebende Wesen, die sich erst dann binden wollen, wenn sie viel Erfahrung gesammelt haben.

Das Alter überrascht: Sofern sie ihre Individualität und Besonderheit gelebt haben, erwartet sie ein vergnüglicher Lebensabend, an dem sie ihrem Bedürfnis nach Freiheit und Unabhängigkeit unvermindert nachgehen können. Haben sie sich jedoch diesen Drang »verkniffen«, können sie unter Umständen absurde Gewohnheiten entwickeln. Kommt dann der Tod, ist ihre Seele neugierig und gespannt, was dahinter beginnt.

Aszendenten-Check
Wie ergänzen sich Sonne und Aszendent? Das Sonnenzeichen Schütze und das Aszendentenzeichen Wassermann sind bestens aufeinander eingestimmt und verhelfen zu großer Kreativität und Schöpferkraft. Am Bodenkontakt mangelt es zuweilen. Daher empfiehlt es sich zwar, Menschen zu misstrauen, die einen zu bremsen und zu behindern versuchen, aber gleichzeitig sollte man nach solchen Ausschau halten, die einem dabei helfen können, seinen Träumen Hand und Fuß zu verleihen.

Aszendent Fische – Ein Mystiker werden
Aszendentenstärken Geheimnisvoll, intuitiv, sensibel, mitfühlend, mystisch
Aszendentenschwächen Unsicher, unrealistisch

»Tat twam asi«: Dieser Satz entstammt der indischen Philosophie und besagt, dass Objekt und Subjekt, Ich und Du, nicht getrennt, sondern eins sind. Der große Philosoph Arthur Schopenhauer (1788–1860) bezieht sich auf diesen Satz, wenn er über das Mitleid oder Mitgefühl philosophiert. Er sieht die metaphysische Grundlage des Mitgefühls darin, dass wir im Grunde alle eins sind. Wir selbst sind es also, die im anderen leiden. Und wir helfen daher der eigenen Person, wenn wir praktisches Mitleid üben.

Tiere haben kein Mitgefühl oder höchstens Spuren davon. Kleinkinder können unendlich grausam sein und zeigen in aller Regel lange nichts von diesem Mitleiden, das Heranwachsende und Erwachsene zuweilen überfällt. Menschen mit dem Aszendenten Fische sind besonders davon betroffen. Ihr Herz krampft sich zusammen, wenn sie an einem Bettler vorbeigehen. Es kann ihnen die Tränen in die Augen treiben, wenn sie andere leiden sehen. Wann immer sie jemand braucht, sind sie zur Stelle. Selbstverständlich. Sich ständig ausnutzen zu lassen geht natürlich auch nicht. Manche Menschen mit Fischeaszendent verzweifeln an ihrer Empathie, weil sie von dem, was sie geben, nie etwas zurückerhalten. Es kommt sogar nicht selten vor, dass jemand mit diesem Aszendenten regelrecht hart und abweisend wird. Aber das ist nur ein Schutz gegen den weichen Kern und schadet letztlich dem Karma. Kinder mit Fischeaszendent sind zarte, sensible, sehr »durchlässige« Wesen, die die Gefühle anderer unmittelbar aufnehmen. Umgekehrt erkennt man sofort, wie es ihnen geht. Sind sie verstimmt, leiden sie, und zwar still und leise. Meist ist die Ursache ihres Kummers die Familie, für deren Schwierigkeiten sie sich »zuständig« fühlen. Die Pubertät kann schrecklich sein. Mit allen Mitteln wird um Anerkennung und Liebe gerungen, und man erliegt doch immer wieder dem »Wasser«, verliert sich und geht unter. Glück hat, wer in seiner Familie mit Toleranz und Verständnis aufwächst. Das Unglück wiederum häuft sich zu einem Berg, wenn einem auch noch die Eltern vorwerfen, nicht so zu funktionieren wie andere. Das setzt sich im Erwachsenenalter fort. Nur sind es jetzt Chefs und Kollegen, von denen man abhängig ist. Menschen mit Fischeaszendent werden es sicher leichter haben, wenn sie in künstlerischen oder sozialen Bereichen arbeiten können. Dennoch sind es letztlich die Mitmenschen, die einem das Leben leichter oder schwerer machen, egal, ob man Krankenschwester oder Verkäuferin in einem Supermarkt ist.

Das Alter bringt hier die große Erleichterung. Dann endlich können die Betreffenden loslassen und müssen niemandem mehr etwas beweisen. Bis dahin haben sie dann auch längst herausgefunden, dass Alleinsein nicht Einsamkeit bedeutet, sondern sich dabei viel eher das Gefühl einstellt, »all-eins« zu sein. Das Loslassen schafft zudem Raum für neue Interessen oder versteckte Fähigkeiten. Vielleicht ergibt sich ein künstlerisches Hobby. Ich kenne Frauen, die noch mit siebzig Astrologie oder alternative Heilverfahren studieren.

Je älter sie werden, umso stiller und zurückgezogener leben Menschen mit diesem Aszendenten – vorausgesetzt, sie sind im Frieden mit ihrem Karma. So können sie dann auch irgendwann auf dem Strom des Lebens hinübertreiben in die Anderswelt.

Aszendenten-Check
Wie ergänzen sich Sonne und Aszendent? Diese Verbindung von der Sonne im Zeichen Schütze und dem Aszendenten Fische verleiht große Einsicht und zwingt einen regelrecht zu einer lebenslangen Sinnsuche. Früher oder später wird jeder mit dieser Kombination seinen Blick von der unmittelbaren Realität weg in Räume richten, die transzendent sind. Die Bewältigung des Alltags ist zuweilen ein Problem, was man sich einfach zugestehen sollte. Dafür ist man unglaublich sensibel, einfühlsam, fürsorglich und allem Seelischen gegenüber sehr aufgeschlossen. Man sollte versuchen, einen Weg zu finden, auf dem sich das große Mitgefühl und die schöpferischen Anlagen einbringen lassen.

Der Mond – Die Welt der Gefühle

Die Welt, die monden ist
Vergiss, vergiss, und lass uns jetzt nur dies
erleben, wie die Sterne durch geklärten
Nachthimmel dringen, wie der Mond die Gärten
voll übersteigt. Wir fühlten längst schon, wie's
spiegelnder wird im Dunkeln, wie ein Schein
entsteht, ein weißer Schatten in dem Glanz
der Dunkelheit. Nun aber lass uns ganz
hinübertreten in die Welt hinein, die monden ist.
Rainer Maria Rilke (1875–1926)

Die Bedeutung des Mondes

In einem Schöpfungsmythos heißt es, der Mond sei ein Kind der Erde. Ein anderer beschreibt ihn als Teil unseres Planeten, den dieser aus sich herausgerissen und in den Himmel geschleudert habe, um damit Raum für das Wasser der großen Ozeane zu schaffen. Und dieses Wasser brachte der Erde Fruchtbarkeit. Zu letzterer Geschichte würde passen, dass das Volumen des Mondes, großzügig bemessen, etwa so groß ist wie der Raum, den alle Meere zusammen einnehmen.

Unter den Gestirnen am nächtlichen Himmel ist der Mond uns am nächsten und am vertrautesten. Er nimmt der Nacht ihre tiefe Dunkelheit und schenkt damit Trost und Hoffnung. Er ist uns so vertraut, dass wir in ihm menschliche Umrisse zu erkennen meinen: Seine Schatten bilden ein Gesicht, wir sehen eine alte Frau oder den Mann im Mond mit einem Reisigbündel auf dem Rücken. Er ist Gegenstand von Traumwelten. Wir besingen ihn in Gedichten und kraxeln mit Münchhausen an der Bohne zu ihm hoch oder umkreisen ihn mit Jules Verne.

Blicken wir zum Mond, erfahren wir Wandel und Veränderung: Täglich ist er ein Stück größer oder kleiner und geht früher oder später auf und unter. Manchmal ist er überhaupt nicht zu sehen, und dann wieder scheint er so hell, dass die Nacht fast zum Tag wird. Nimmt er zu, taucht er schon am Nachmittag als bleiches, fast durchsichtig erscheinendes Gebilde am Himmel auf, das von Stunde zu Stunde kräftiger wird, bis es sich hellweiß vom blauen Himmel abhebt. Nimmt er ab, bleibt er noch lange am Tageshimmel wie ein Phantom, das immer blasser und formloser wird, um sich schließlich wie ein Wolkengespinst in nichts aufzulösen. Das Geheimnisvolle, das Veränderliche, das Tröstende und das Ängstigende, das sind die unmittelbaren Begleiter des Mondes.

Als Gegenspieler zur brennenden Sonne bringt der Mond erfrischende Kühle. Und das ist eine wichtige Qualität. Vor allem in der südlichen Hemisphäre, besonders in den unendlichen Weiten der Wüsten, galt der Mond schon immer als Manifestation von Fruchtbarkeit, und das einfach deswegen, weil während eines Großteils des Jahres allein die Nacht die Kühle bringt, die Mensch und Natur benötigen, um zu leben und zu überleben. Die sich füllende und wieder leerende Schale am Himmel ist dort ein Symbol für Quelle und Wasser und damit für die wichtigsten »Schätze« der Wüste. Dass ein Land wie Tunesien, dessen Gebiet sich zu einem großen Teil über die Sahara erstreckt, den Mond in seinem Wappen trägt und ihm damit ein überragendes Denkmal setzt, ist weder ein Wunder noch ein Zufall.

Vom Wasser und Fruchtbarkeit bringenden Mond ist es nur ein kleiner Schritt zum größten Mysterium des Lebens, nämlich zu Schwangerschaft und Geburt. Die Astrologie verbindet den Mond mit dem Urweiblichen – von der Empfängnis über die Schwangerschaft und Geburt bis hin zum mütterlichen Stillen und dem Muttersein selbst. Die offensichtlichste Analogie zwischen Frau und Mond ist natürlich, dass sein Lauf von einem Vollmond bis zum nächsten genauso lange dauert wie ein weiblicher Zyklus, nämlich vier Wochen.

In allen Mythen, Geschichten und Erzählungen über den Mond wird er als weiblich, die Sonne hingegen als männlich gesehen. In den romanischen Sprachen setzt sich diese Tradition fort: So heißen Sonne und Mond im Italienischen *la luna* und *il sole*, im Französischen *la lune* und *le soleil*. Warum der Mond im Deutschen männlich, die Sonne hingegen weiblich ist, mag ein zufälliger Dreher sein. Zu vermuten ist allerdings, diese Zuordnung könnte bedeuten, dass in unserer Sprache ein Wechsel geschlechtsspezifischer Prägung möglich ist – mit allen Vor- und sämtlichen Nachteilen.

Der Mond also – gemeint jedoch ist die »Möndin« – stellt die Verkörperung alles Weiblichen dar. Dass dies automatisch nur auf Frauen zutreffen muss, ist damit keineswegs gesagt. Warum sollte ein Mann nicht »weiblich« sein können – und umgekehrt eine Frau nicht auch »männlich«? In manchen »Mondländern« jedenfalls ist die überkommene Fixierung der Geschlechterrollen zum Teil unerträglich: Es ist für die Gesellschaft sicher wichtig, dass Frauen als potenziellen Müttern Achtung entgegengebracht wird; aber es ist *ver*achtend, ihnen darüber hinaus keine Aufgaben zuzugestehen. Dass sie, wenn sie keine Kinder mehr bekommen können, nicht viel mehr »wert« sein sollen als eine Ziege oder ein Kamel, verletzt schlichtweg die Menschenwürde.

Zurück zum Mond: Er empfängt, geht schwanger, gebärt, nährt, hegt und pflegt. Genau das Gleiche »macht« er in unserem Horoskop, also mit uns: In dem Tierkreiszeichen, in dem er sich bei der Geburt gerade befindet, ist sein Standort, sein Zuhause. Dort will und muss er seiner Bestimmung nachkommen und wird im Laufe eines menschlichen Lebens empfangen, schwanger werden, gebären, nähren, hegen und pflegen.

Darin unterscheidet sich der Mond von der Sonne, die Energie und Vitalität in uns entzündet und damit Lebensfreude und Schaffenskraft stiftet. Der Mond empfängt. Er bekommt die Kraft und das Licht der Sonne, um zu leuchten, so wie in der traditionellen Rollenverteilung die Frau des Schutzes und der Versorgung durch den Mann bedarf. Aber der Schluss, Mondlicht wäre nur reflektierter Sonnenschein, ist falsch. Die Astrologie weiß von ureigenen Kräften des Erdtrabanten. Er transformiert Sonnenenergie. Um sich wenigstens etwas von dieser Umgestaltungskraft vorstellen zu können, sei auf den Vorgang von Zeugung und Schwangerschaft verwiesen: Der Same wäre dann der »Beitrag« der Sonne (des Mannes). Dass daraus schließlich ein menschliches Wesen wird, wäre wiederum die »Zugabe« des Mondes (der Frau). Bei der Sonne fragt der Astrologe: »Was kann ich? Wo ist mein größtes Potenzial?« Beim Mond fragt er: »Wo bin ich zu Hause? Wo fühle ich mich wohl? Wie erlebe und fühle ich? Wo will ich ›gebären und fruchtbar werden‹?« Und das ist natürlich in keiner Weise »nur« aufs Kinderkriegen beschränkt.

Der Mond als sich wandelnder himmlischer Geist war aber auch schon immer ein Symbol für das Innenleben. Verweist uns die Sonne auf unsere Fassade, die äußere Erscheinung, mit der wir uns der Welt präsentieren und von der wir uns wünschen, dass uns andere auch so erleben, verrät uns der Mond unsere Empfindungen, unsere Gefühle. Darüber sprechen wir nicht mit jedem, wir offenbaren sie nur den Menschen, die uns nahe sind und denen wir vertrauen. Das Sternzeichen, der Stand der Sonne, beleuchtet unser öffentliches Sein. Der Mond hingegen spielt im zwischenmenschlichen und damit eher im privaten Sein eine große Rolle.

Aber es geht noch tiefer, wird noch geheimnisvoller: Der Mond ist nicht nur zuständig für unser Innenleben. Er blickt auch in einem übergeordneten Sinn »dahinter«: Der Mond – die »Möndin« – öffnet ein Fenster in eine andere Dimension. In unserer westlichen Zivilisation ist der Zugang meist nur wenigen begnadeten Seelen möglich. Oft sind das Künstler. Ein wunderbares Beispiel ist das Gedicht von Rainer Maria Rilke über den Mond, das diesem Kapitel als Einstimmung vorangestellt ist. Aber auch während eines Sommeraufenthalts in Italien oder Griechenland lässt sich etwas vom Mythos Frau Lunas erahnen, dann nämlich, wenn sich wie aus dem Nichts heraus am helllichten Tag ein Geist am Himmel offenbart, der sehr viel später erst zum Mond wird. Noch viel deutlicher aber ist es in der Wüste, der Urheimat der Astrologie. Dort ist der Trabant kein fremdes Gestirn, sondern eine Göttin, die sich am Himmel zeigt und einen Türspalt offen lässt für diejenigen, die bereit sind, hinüberzuschauen. Der Mond verkörpert auch die heilige Schale der Taufe und die Einweihung in die Geheimnisse des Seins. Dort, wo er im Horoskop steht, findet sich die Gnade, an übersinnlichen Erfahrungen teilzuhaben. Er ist eine Pforte in das Reich der Mystik und Spiritualität. Der Mond führt zu Gott, nicht unser Zentralgestirn.

Frauen sind dem astrologischen Mond näher als ihrer Sonne. Sie müssten sich daher eigentlich auch eher an ihrem Mond- als an ihrem Sternzeichen orientieren. Es ist aber so, dass sich die gängige Astrologie an der Sonne und damit am Männlichen ausrichtet: Ein Sonnen- oder Sternzeichenhoroskop findet man beinah in jeder Zeitung, das Mondzeichenhoroskop hingegen in keiner einzigen.
Je mehr eine Frau allerdings aus ihrer klassischen Rolle einer Mutter und Hausfrau herauswächst und »ihren Mann steht«, desto stärker wird sie auch ihre Sonne leben. Allerdings wäre es völlig falsch, wenn sie den Mond dann unberücksichtigt ließe. Eine bewusste und emanzipierte Frau schöpft aus beiden: Führungsaufgaben, die von Männern grundsätzlich hierarchisch gelöst werden, packen Frauen anders an. Sie lassen mehr Nähe (Mond) zu und motivieren ihre Mitarbeiter dadurch auf einer persönlicheren Ebene. Auch bei Entscheidungen sind Frauen, die sowohl Logik (Sonne) als auch Intuition (Mond) zulassen können, Männern überlegen, die sich nur nach der Sonne richten.
Während Frauen ihren Mond eher unmittelbar selbst leben, neigen Männer dazu, sich eine Frau zu suchen, die ihrem Mond entspricht. Insofern gelten die Aussagen über die einzelnen Mondpositionen für Männer nur indirekt, sie beschreiben sozusagen »Suchbilder«. Ein solches Bild bezieht sich dann auf die Frau, mit der man zusammenleben will und die möglicherweise sogar die Mutter gemeinsamer Kinder wird.

☾ Der Mond ist der Hausplanet oder das herrschende Gestirn des Krebszeichens und übernimmt auch das Element des Zeichens, also Wasser. Das astrologische Symbol besteht aus zwei Halbkreisen – dem Ursymbol des Seelischen.

Auf den folgenden Seiten finden sich die zentralen Eigenschaften der zwölf Mondpositionen. Bei der individuellen Anwendung ist stets zu berücksichtigen, dass die Mondposition immer auch durch die Häuser und durch Verbindungen mit verschiedenen Gestirnen eine andere Färbung bekommen und im Einzelfall auch einmal stark von den hier genannten Deutungen abweichen kann.

Ihre exakte Mondposition lässt sich wieder über die Homepage des Autors herunterladen (www.bauer-astro.de).

Der Schütze und seine Mondzeichen

Der Mond im Zeichen Widder – Temperamentvoll

Mondstärken Unternehmungslust, Impulsivität, Direktheit, Selbständigkeit, Ichhaftigkeit, Suche nach eigenständiger Wirksphäre, intensives Phantasieleben, musikalische oder bildnerische Begabung, Ideenträger sein, Erspüren von Macht
Mondschwächen Aggressivität, Spannung, Ungeduld, Nervosität

Die Botschaft des Mondes lautet: »Das Leben ist ein immerwährender Kampf. Sei wachsam und bereit. Lass dich nicht unterkriegen, sondern versuch dir einen der vorderen Plätze im Leben zu ergattern. Das ist deine Bestimmung. Du brauchst zwar Pausen, in denen du auftanken kannst, aber zu lange darfst du dich nie dem aktiven Leben entziehen. Sonst könntest du zurückfallen und untergehen. Du brauchst Erfolgserlebnisse. Sie sind der Stoff, der dich am Leben hält. Sei immer auf der Hut!«

Mond-Check
Wie weiblich macht dieser Mond? Nicht besonders stark. Widder ist ein sehr männliches Zeichen.
Wie mütterlich macht dieser Mond? Man wird ein »Kumpel zum Pferdestehlen«, aber kein ausgeprägter Muttertyp.
Wie gefühlvoll macht dieser Mond? Er macht sehr feurig. Aber das bedeutet nicht, dass man in Gefühlen geradezu badet.

Wie intuitiv macht dieser Mond? Sehr sensibel und unglaublich phantasievoll.
Was braucht man mit diesem Mond? Wärme, Selbstbestätigung, Aufmerksamkeit, Anerkennung.
Für den Mann: Wie lautet das Suchbild »(Mond-)Frau«? Sie soll temperamentvoll, ichhaft, bestimmend, aktiv sein und darf ruhig auch den Ton angeben.

Der Mond im Zeichen Stier – Erdverbunden

Mondstärken Lebensfreude, Genuss, gefestigtes Gefühlsleben, Naturliebe, Musikalität, Sammelleidenschaft, Gutmütigkeit, Häuslichkeit, Geschmack
Mondschwächen Antriebsschwäche, Materialismus, Geiz, Gier

Die Botschaft des Mondes lautet: »Du bist ein Kind der Erde. Verbinde dich daher stets mit ihr. Hier findest du alles, was du brauchst. Lass die Erde auch deine Lehrmeisterin sein. Lerne von ihr. Beobachte, wie alles mit einem Samen – also klein – beginnt und mit der Zeit immer größer wird. Sei geduldig, und Größe und Reichtum sind dir sicher. Lerne auch von der Mutter Erde, dass alles einem Kreislauf folgt. Sei also bereit, zu bestimmten Zeiten loszulassen, um dann wieder neu empfangen zu können.«

Mond-Check
Wie weiblich macht dieser Mond? Sehr weiblich. Er ist beinah so etwas wie der Inbegriff von Weiblichkeit.
Wie mütterlich macht dieser Mond? Kinder und Familie gehören zu ihm.
Wie gefühlvoll macht dieser Mond? Er beschert ein sehr natürliches und selbstverständliches Gefühlsleben.
Wie intuitiv macht dieser Mond? Man fühlt sich den Geschöpfen der Natur sehr nah und bezieht aus der Natur Kraft und Intuition.

Was braucht man mit diesem Mond? Seinen Platz, ein Zuhause, Sicherheit, einen gewissen Wohlstand.
Für den Mann: Wie lautet das Suchbild »(Mond-)Frau«? Sie soll praktisch, sinnlich und fürsorglich sein.

Der Mond im Zeichen Zwillinge – Heiter

Mondstärken Vielseitigkeit, Ausdrucksfähigkeit, Kontaktfreude, schriftstellerische Begabung, intuitives Erfassen anderer Menschen, gute Selbstdarstellung

Mondschwächen Oberflächlichkeit, Manipulation, Enttäuschungen, Zerrissenheit

Die Botschaft des Mondes lautet: »Du bist aus dem Element Luft geboren, leicht wie sie und grenzenlos. Das musst du dir als dein Lebensprogramm immer vor Augen halten: Niemand und nichts darf dich je einengen oder festhalten. Du wirst dich selbst binden und festsetzen, aber nie für immer und stets so, dass du jederzeit entweichen kannst. Deine Bestimmung ist, Menschen miteinander zu verbinden, ein Netz von Beziehungen zu erstellen. Unter Menschen fühlst du dich zu Hause.«

Mond-Check

Wie weiblich macht dieser Mond? Zwillinge ist ein männliches Zeichen und prägt entsprechend.
Wie mütterlich macht dieser Mond? Es ist absolut kein »Muttertyp« zu erwarten.
Wie gefühlvoll macht dieser Mond? Der Zugang zu tiefen Gefühlen fällt recht schwer.
Wie intuitiv macht dieser Mond? Menschen mit dieser Konstellation reagieren oft sehr intuitiv.
Was braucht man mit diesem Mond? Menschen um sich, Unterhaltung, Ansprache, Freunde.
Für den Mann: Wie lautet das Suchbild »(Mond-)Frau«? Sie soll kommunikativ, gebildet, unterhaltsam und freiheitsliebend sein.

Eine besondere Konstellation

Sie sind in der Vollmondphase (zwei Tage vor bis zwei Tage nach dem Vollmond) geboren und damit ein besonderer Mensch. Denn Sie tragen in sich die lebendige Spannung zwischen Mann und Frau am deutlichsten. Das führt zu einem reichen und faszinierenden Beziehungsleben. Es kann aber auch große Konflikte für Partnerschaft und Liebe bringen.

Der Mond im Zeichen Krebs – Gefühlvoll

Mondstärken Für andere da sein, Erlebnistiefe, seelische Beeindruckbarkeit, ausgeprägtes Traumleben, starke unbewusste Kräfte, mütterlich und häuslich sein, starkes Innenleben, große Einfühlungsgabe, telepathische Fähigkeiten
Mondschwächen Täuschungen, unverstanden sein, Launenhaftigkeit, Mutterprobleme

Die Botschaft des Mondes lautet: »Du bist mir besonders nah. Fest sind wir miteinander verbunden. Daher veränderst du dich mit meinem Wandel: Werde ich schmäler, willst auch du dich verausgaben. Bin ich ganz verschwunden, ziehst du dich ebenfalls zurück. Umgekehrt ist es dir danach, dich zu zeigen, fröhlich und extravertiert zu sein, wenn ich wieder größer werde. Dir öffne ich auch – mehr als jedem anderen – ein Fenster, damit du hinüberschauen kannst in die Welt der Wunder.«

Mond-Check
Wie weiblich macht dieser Mond? Extrem weiblich.
Wie mütterlich macht dieser Mond? Eigene Kinder und eine Familie, für die man sorgen kann, gehören zu dieser Konstellation.
Wie gefühlvoll macht dieser Mond? Es entwickelt sich ein starkes Gefühlsleben.
Wie intuitiv macht dieser Mond? Träume und Intuition haben große Tiefe.

Was braucht man mit diesem Mond? Eine Familie, Kinder, immer wieder Zeit für sich.
Für den Mann: Wie lautet das Suchbild »(Mond-)Frau«? Sie soll die Mutter »seiner« Kinder werden, häuslich, liebevoll und fürsorglich sein.

Der Mond im Zeichen Löwe – Stolz

Mondstärken Darstellungskunst, Selbstvertrauen, Kreativität, Gerechtigkeitsempfinden, Unternehmungsgeist, schauspielerische Talente
Mondschwächen Theatralik, Übertreibung, Trägheit, Faulheit, Narzissmus

Die Botschaft des Mondes lautet: »Du hast einen besonders starken Mond, einen, der ständig in seiner vollen Größe zu sein scheint. Das führt dazu, dass du ein ausdrucksstarker, emotionaler Mensch bist. In dir entspringt eine Quelle ununterbrochener Kreativität und Inspiration, das äußert sich als starkes Phantasie- und Traumleben. Du musst Möglichkeiten finden, dein inneres Erleben nach außen zu transponieren. Du verkümmerst, wenn du dein Mondgeschenk nicht lebst.«

Mond-Check

Wie weiblich macht dieser Mond? Löwemond-Menschen sind feurig und stark.
Wie mütterlich macht dieser Mond? Man übernimmt gern die Mutterrolle, um andere zu verwöhnen.
Wie gefühlvoll macht dieser Mond? Er weckt spontane, feurige Gefühle, die aber auch schnell wieder vergehen.
Wie intuitiv macht dieser Mond? Licht und Wärme nähren ihre Intuition und führen zu großer Kreativität und Schöpferkraft.
Was braucht man mit diesem Mond? Feuer, Wärme, Sonne, aber auch Bestätigung und Achtung: Daraus besteht dieses Lebenselixier.

Für den Mann: Wie lautet das Suchbild »(Mond-)Frau«? Eine starke Frau soll es sein, der man gern auch die Regie über Haus und Familie anvertraut.

Der Mond im Zeichen Jungfrau – Vorsichtig
Mondstärken Vorhersehen können, Organisations- und Konzentrationsfähigkeit, Ordnungsliebe, Gespür für gesundheitliche Belange, bewusste Ernährung, Zugang zu geheimem Wissen
Mondschwächen Abhängigkeit von Zuwendung

Die Botschaft des Mondes lautet: »Das Leben ist keine Autobahn, auf der es immer geradeaus geht. Ein Weg voller Überraschungen erwartet dich. Daher ist es wichtig, dass du stets hellwach bist, um zu wissen, was kommt. Ich, dein Mond, habe dich deshalb auch mit der Gabe der Vorausschau ausgestattet, damit du nie im Dunkeln tappst. Aber du bist auch ein Erdzeichen, ein Kind unseres Planeten. Dies bedeutet, dass du mit der Zeit seinen gesetzmäßigen Lauf immer besser erkennst. Es hilft dir, dein Leben zu beruhigen. Lerne daher von der Erde und dem Wechsel der Jahreszeiten.«

Mond-Check
Wie weiblich macht dieser Mond? Er macht eher mädchenhaft als weiblich (und eher burschikos als männlich).
Wie mütterlich macht dieser Mond? Frauen mit dieser Mondstellung sind keine »schlechten Mütter«, fühlen sich aber oft zu etwas anderem berufen.
Wie gefühlvoll macht dieser Mond? Empfindungen gegenüber macht er eher misstrauisch.
Wie intuitiv macht dieser Mond? Die Erde offenbart ihr Wissen, so dass die Betreffenden es zum Beispiel auch für heilendes Wirken anwenden können.

Was braucht man mit diesem Mond? Kontakt mit Mutter Erde, Sicherheit, einen Lebensplan.
Für den Mann: Wie lautet das Suchbild »(Mond-)Frau«? Sie soll klug und praktisch sein, ihr Gefühlsleben unter Kontrolle haben, und sie darf sich nicht in Abhängigkeiten verstricken.

Der Mond im Zeichen Waage – Ausgewogen

Mondstärken Andere spüren können, gern unter Leuten sein, Kontaktfreude, Sinn für Ästhetik, Kunst, Schönheit, verbindend und ausgleichend sein, Gerechtigkeitsliebe
Mondschwächen Entscheidungsunfähigkeit, Antriebsarmut, Überempfindlichkeit, Abhängigkeit

Die Botschaft des Mondes lautet: »Du hast eine Art Wünschelrute, mit deren Hilfe du jedes Ungleichgewicht erspüren kannst. Lebt jemand in Disharmonie oder herrscht eine Unstimmigkeit zwischen Menschen, schlägt dein magisches Instrument augenblicklich aus. Am schnellsten reagierst du auf eigene Störungen, weswegen es für dich sehr wichtig ist, in Harmonie und Frieden zu leben und dein Umfeld entsprechend auszuwählen. Andere suchen dich auf, weil du sie nicht nur bestens verstehst, sondern auch dazu beiträgst, für Versöhnung und Eintracht in ihrem Leben zu sorgen.«

Mond-Check
Wie weiblich macht dieser Mond? Er macht zärtlich, einfühlsam und auch weiblich, aber nicht im Übermaß.
Wie mütterlich macht dieser Mond? Menschen mit dem Mond im Zeichen Waage können sich Kindern gegenüber schlecht durchsetzen.
Wie gefühlvoll macht dieser Mond? Stimmungen lieben sie, starke Emotionen aber bereiten Probleme.
Wie intuitiv macht dieser Mond? Man ist sehr sensibel und ungeheuer phantasievoll.

Was braucht man mit diesem Mond? Eine harmonische Umgebung und ausgeglichene Beziehungen.
Für den Mann: Wie lautet das Suchbild »(Mond-)Frau«? Sie muss feinsinnig, geschmackvoll, sehr einfühlsam und liebesfähig sein.

Der Mond im Zeichen Skorpion – Tiefgründig

Mondstärken Hinterfragen, aufdecken, im Krisenfall Stärke zeigen, okkulte Fähigkeiten, suggestive Ausstrahlung, großer Familiensinn

Mondschwächen Nicht loskommen von der Mutter, Despotismus, krankhafte Eifersucht, Misstrauen

Die Botschaft des Mondes lautet: »Da das Wesentliche, Eigentliche und Wahre in aller Regel nicht offensichtlich wird, ist es deine Bestimmung, dich bis ins Innerste der Menschen hineinzuspüren. Deinem Röntgenblick bleibt nichts verborgen. Jeden unterziehst du einer Prüfung, und nur wenn er sie besteht, lässt du dich auf eine Beziehung ein. Letztlich suchst du so ein Gegenüber, das dich ergänzt – dein Du –, um mit ihm eine Familie zu gründen. In deinen Kindern lebst du weiter. Sie geben dir Zukunft, auch wenn es dich nicht mehr gibt.«

Mond-Check

Wie weiblich macht dieser Mond? Menschen mit einem Skorpionmond verfügen über große weibliche Kräfte.
Wie mütterlich macht dieser Mond? Gute Mütter sind das – auch die Männer …!
Wie gefühlvoll macht dieser Mond? Man empfindet tiefe Gefühle und große Leidenschaft.
Wie intuitiv macht dieser Mond? Die Betreffenden sind visionär und haben magische Fähigkeiten.
Was braucht man mit diesem Mond? Vertrauen und Sicherheit.
Für den Mann: Wie lautet das Suchbild »(Mond-)Frau«? Sie muss

stark und bereit sein für ein ehernes Bündnis und gemeinsame Kinder.

Der Mond im Zeichen Schütze – Sinnstiftend

Mondstärken Optimistisch, motivierend, begeisternd, vielseitig, schriftstellerische Talente, sportliche Fähigkeiten, gut im Ausland leben können
Mondschwächen Blauäugigkeit, Naivität, Phantasterei

Die Botschaft des Mondes lautet: »Du bist auf die Welt gekommen, um der Dunkelheit ein Ende zu bereiten, dem Guten und Gesunden zum Sieg über das Böse und Kranke zu verhelfen. Verstehen, einen Sinn verleihen, verzeihen – so lauten deine Waffen, mit denen du ins Feld ziehst und siegreich zurückkommst. Du bist wie eine heilige Schale, welche alle Waffen stumpf macht, die in sie gelegt werden. Schlimmes wird erlöst. Wunden können heilen. Friede kehrt ein.«

Mond-Check

Wie weiblich macht dieser Mond? Auch als Frau stehen diese Menschen leicht ihren Mann.
Wie mütterlich macht dieser Mond? Zu viel Mütterlichkeit ist ihnen suspekt.
Wie gefühlvoll macht dieser Mond? Man ist feurig, ekstatisch, aber nicht gerade gefühlvoll.
Wie intuitiv macht dieser Mond? Man verfügt über große Intuition und Seelenstärke.
Was braucht man mit diesem Mond? Eine Aufgabe, die etwas Sinnvolles zum Ziel hat.
Für den Mann: Wie lautet das Suchbild »(Mond-)Frau«? Sie muss selbständig, aktiv, sportlich sein. Man muss sich mit ihr auch geistig austauschen können.

Eine besondere Konstellation
Sie sind in der Neumondphase (zwei Tage vor bis zwei Tage nach Neumond) geboren. Sie sind damit ein besonderer Mensch. Denn in Ihnen ist eine große Sehnsucht nach inniger Nähe zu geliebten Menschen, die Sie in einer erfüllten Partnerschaft zu verwirklichen versuchen.

Der Mond im Zeichen Steinbock – Überpersönlich

Mondstärken Klares Gefühlsleben, Selbstbeherrschung und Pflichtbewusstsein, Streben nach Objektivität und Durchsichtigkeit, Ernsthaftigkeit, Liebe zum Beruf
Mondschwächen Sich selbst zu negativ sehen, abhängig sein von beruflichem Erfolg, Gefühlskontrolle

Die Botschaft des Mondes lautet: »Du bist mit der Gabe gesegnet, das Allgemeine und Wesentliche auch im Einzelnen und Persönlichen zu erkennen. Das macht dich zu einer Person, die den Menschen in ihrer Gesamtheit verpflichtet ist. Dafür tritt das Persönliche und Individuelle bei dir zurück. Es wird unbedeutend. Du bist Wächter und Bewahrer des Seelischen, Stimmigen und Wahren.«

Mond-Check
Wie weiblich macht dieser Mond? Menschen mit dieser Mondposition sind sehr weiblich, ohne es immer nach außen hin deutlich zu zeigen.
Wie mütterlich macht dieser Mond? Auch ihre Mütterlichkeit ist ausgeprägt, aber nicht unbedingt für eigene Kinder.
Wie gefühlvoll macht dieser Mond? Man unterscheidet echte und wahre Gefühle von Emotionen, die vorgetäuscht werden.
Wie intuitiv macht dieser Mond? Die Betreffenden haben die Fähigkeit, Visionen zu entwickeln.
Was braucht man mit diesem Mond? Eine Aufgabe für die Allgemeinheit.

Für den Mann: Wie lautet das Suchbild »(Mond-)Frau«? Sie soll eine gewisse Persönlichkeit ausstrahlen, stark und selbständig sein.

Der Mond im Zeichen Wassermann – Schöpferisch

Mondstärken Sozial, human, freundlich, aufgeschlossen, ungebunden, Veränderungsliebe, Reisefreude, Erfindungsgabe, Intuitionskraft, Reformwillen
Mondschwächen Zwanghaft antiautoritäres Denken und Handeln, Verwirrtheit

Die Botschaft des Mondes lautet: »Du bist mit einer schöpferischen Quelle verbunden, in der ununterbrochen Neues geboren, Altes verwandelt und neu gestaltet wird. Das Unvorhersehbare, Neue und Fremde ist deine Heimat. Das führt manchmal dazu, dass du dir selbst in deinem Inneren fremd vorkommst, voller Widersprüche steckst und nicht mehr recht weißt, wer du bist und woher du kommst. Solche Phasen dienen aber der Vorbereitung eines neuen schöpferischen Schubs. Du darfst dich davon nicht verwirren lassen.«

Mond-Check

Wie weiblich macht dieser Mond? Männlich oder weiblich? Beide Seiten sind Menschen mit dieser Konstellation vertraut.
Wie mütterlich macht dieser Mond? Man ist der beste Gefährte und Freund aller Kinder, aber nicht der klassische Muttertyp.
Wie gefühlvoll macht dieser Mond? Stimmungen sind wunderbar. Emotionen gegenüber sind die Betreffenden misstrauisch.
Wie intuitiv macht dieser Mond? Er schenkt Offenbarungsträume, in denen Hinweise für den eigenen Lebensweg enthalten sind.
Was braucht man mit diesem Mond? Anregungen, Veränderungen und die Möglichkeit, sich schöpferisch betätigen zu können.
Für den Mann: Wie lautet das Suchbild »(Mond-)Frau«? »Etwas Besonderes« soll sie sein – frei, unabhängig – und sich von anderen Frauen unterscheiden.

Der Mond im Zeichen Fische – Geheimnisvoll

Mondstärken Medialität, heilerische Qualitäten, Kraft durch Glauben, Sensibilität, Liebe für andere, Liebe zur Schöpfung, verlässliches instinkthaftes Gespür
Mondschwächen Wirre Phantasievorstellungen, Unsicherheit, Bindungslosigkeit

Die Botschaft des Mondes lautet: »Du bist wie der Mond, der sich am Vormittag noch am blauen Himmel zeigt, bis er mit ihm auf rätselhafte Weise verschmilzt – schillernd, beinah durchsichtig und im Inneren zerbrechlich und fein. Du bist dem Gefäß, in dem die Seele wohnt, sehr nah und weißt, dass man sie nicht fassen kann. Sie zeigt sich nur denen, die ohne Absicht sind, Kindern und Heiligen. Du bist voller Liebe für alles, was unvollkommen ist, kannst heilen und versöhnen.«

Mond-Check

Wie weiblich macht dieser Mond? Äußerst weiblich.
Wie mütterlich macht dieser Mond? Menschen mit einem Fischemond fühlen sich als Mutter der gesamten Schöpfung.
Wie gefühlvoll macht dieser Mond? Man ist unglaublich gefühlvoll.
Wie intuitiv macht dieser Mond? Mehr an Intuition weist keine der anderen Mondstellungen auf.
Was braucht man mit diesem Mond? Stille, Einkehr, Liebe und Verständnis für die geheimnisvollen Seiten des Seins.
Für den Mann: Wie lautet das Suchbild »(Mond-)Frau«? Sie soll liebevoll, geheimnisvoll, fast engelhaft sein.

Merkur – Schlau, beredt, kommunikativ und göttlich beraten

Die Bedeutung Merkurs

Der römische Gott Merkur entspricht ganz dem Hermes der griechischen Mythologie. Er war ein ausgesprochen schillernder Gott, versehen mit zahlreichen Eigenschaften und Funktionen. Respekt und Bewunderung erwarb er sich durch Klugheit und Raffinesse. So stahl er, gerade erst als Sohn des Jupiter bzw. Zeus und der Nymphe Maia geboren, dem Gott Apoll eine Rinderherde. Von diesem zur Rede gestellt, spielte er auf einem mit Fell und Saiten versehenen Schildkrötenpanzer derart gekonnt auf, dass Apolls Zorn verflog und er ihm die Rinder im Tausch gegen das Musikinstrument überließ. Ganz nebenbei hatte Merkur auf diese Weise die Lyra erfunden, jenes zauberhafte Instrument, mit dem später Orpheus Menschen wie Götter verzauberte.

Gott Merkur war also klug und listig, und genau diese Fähigkeit verleiht er auch dem Menschen. Er macht beredt, erfinderisch und verhilft einem auch mal zu einer guten Ausrede. Wegen seiner listigen Eigenschaften wurde er zum Gott der Kaufleute, Diebe und Bänkelsänger. Seine Fröhlichkeit machte ihn zum Schutzpatron all derjenigen, die auf heiteren Wegen wandeln. Und sein Diebstahl der Kühe ließ ihn selbstredend zum Gedeihen der Viehherden beitragen. Infolge seiner Lust am Reden und seines Talents, sich allemal in ein günstiges Licht zu setzen, wurde er der göttliche Freund all derer, die viel sprechen, schreiben und auf der Bühne stehen: Dichter, Sänger, Schauspieler, Politiker, Talkmaster, Ansager, Komiker, Artisten oder Musiker. Wie wir denken, reden, kommunizieren, uns darstellen und uns verkaufen, das alles verrät die Position Merkurs in unserem Horoskop. Er verkörpert unsere unbeschwerte Seite und den leichtesten Weg, den man gehen kann.

Aber Merkur hat noch mehr auf Lager: Bei den Griechen galt er als Diener Jupiters und als Götterbote, der zwischen dem Olymp, dem Wohnort der Unsterblichen, und den Menschen drunten auf der Erde vermittelte. Und er begleitete auch die Seelen der Verstorbenen in die Unterwelt. Er besaß geflügelte Sandalen und einen geflügelten Hut, damit er rasch hin und her eilen konnte. Ein weiteres Attribut war sein goldener Heroldsstab, das Kerykeion, ein Zauberstab.

Hermes überbrachte also den Willen seines Vaters Zeus. So führte er zum Beispiel in dessen Auftrag Hera, Athene und Aphrodite zum Idagebirge, wo Paris den goldenen Apfel der – seiner Wahl nach – schönsten der Frauen überreichen sollte. Seine Entscheidung für Aphrodite, die ihm dafür Helena versprochen hatte, löste später bekanntlich den Trojanischen Krieg aus.

Tatsächlich fungiert Merkur auch in der Astrologie als eine Art Empfangs- und Sendestation. Wo er sich in unserem Horoskop befindet, sind uns die Götter besonders nah und übermitteln uns ihre Botschaften und Nachrichten. Umgekehrt können wir dort die Götter am ehesten erreichen.

Merkur ist der sonnennächste Planet. Er zieht seine Kreise um unser Zentralgestirn so eng, dass er sich nie mehr als maximal ein Zeichen von der Sonne entfernen kann. Das führt auch dazu, dass in vielen Horoskopen Merkur die gleiche Tierkreiszeichenposition einnimmt wie die Sonne.

☿ Das astrologische Symbol besteht aus einer Schale, einem Kreis und dem Kreuz. Die Schale symbolisiert seelische Empfänglichkeit. Der Kreis steht für die Dimension des Geistes, das Kreuz für Materie. Das Symbol in seiner Gesamtheit signalisiert, dass Seele und Geist über der Materie stehen und sie dominieren.

Auf den folgenden Seiten finden sich die wichtigsten Eigenschaften der Merkurposition von Schützegeborenen. Bei der konkreten Anwendung ist auch hier zu berücksichtigen, dass die Konstellation durch Verbindungen mit verschiedenen weiteren Gestirnen immer eine andere Färbung bekommt und im Einzelfall auch einmal stark von den genannten Deutungen abweichen kann.

Die exakte Merkurposition lässt sich wieder über die Homepage des Autors herunterladen (www.bauer-astro.de).

Der Schütze und seine Merkurzeichen

Merkur im Zeichen Skorpion – Tiefes Denken
Merkurstärken Hinterfragendes, bohrendes Denken, den Dingen auf den Grund gehen
Merkurschwächen Subjektiv verfälschtes Denken

Die Botschaft Merkurs lautet: »Du denkst ›mit dem Bauch‹: Deine Gefühle gehen in dein Denken ein und färben es subjektiv. Welche Schlüsse du ziehst und welche Ideen dir kommen, hängt stark davon ab, wie es dir gerade geht, was du erlebst oder wie du dich fühlst. Erwartungsgemäß weckst du damit bei anderen Menschen (meistens Männern) Kritik und Ablehnung. Bemängelt wird, dass du nicht geradlinig, logisch, abstrakt oder neutral argumentierst. Aber aus einer übergeordneten und ganzheitlichen Sicht ist deine Art völlig stimmig. Eine Welt ausschließlich aus logisch oder empirisch denkenden Menschen wäre unsinnig und überaus langweilig. Denn Gefühle sind ja nichts Verkehrtes, in ihnen kommt das Leben selbst zu Wort. Und genau das ist deine Stärke mit mir, Merkur im Zeichen Skorpion: den Puls des Lebens aufzuspüren. Du willst den Dingen auf den Grund kommen und legst gern ›den Finger in die Wunde‹. Du kannst wahnsinnig hartnäckig sein, wenn du nur den leisesten Verdacht hast, dass etwas nicht stimmt, dass etwas versteckt oder verheimlicht wird. Zuweilen schießt du auch übers Ziel hinaus und vermutest ›Gespenster‹. Aber das ist noch lange kein Grund, an deiner Art des Denkens und Argumentierens zu zweifeln oder dich von anderen verunsichern zu lassen.
Ebenso tief sind deine menschlichen Beziehungen. Nach dem Motto ›Alles oder nichts‹ gehst du oberflächlichen Kontakten aus dem Weg, hast daher auch entsprechende Vorbehalte gegen Smalltalk und belangloses Partygeplauder.«

Merkur-Check
Ist man mit diesem Merkur kontaktfähig? Oberflächliche Kontakte vermeidet man tunlichst. Man sucht den intensiven Dialog mit dem anderen.
Was bringt einen »den Göttern« näher? Sich mit jemandem tief auszutauschen, verstanden zu werden, nach seiner Fasson leben zu können.

Merkur im Zeichen Schütze – Inspiriertes Denken

Merkurstärken Optimistisches Denken, die Gabe der Inspiration
Merkurschwächen Flüchtigkeit, die Realität in einem zu rosigen Licht sehen, die eigenen Schwächen nicht erkennen

Die Botschaft Merkurs lautet: »Dein Denken ist nicht logisch und auch nicht unbedingt von Erfahrungen geprägt. Ich, Merkur im Zeichen Schütze, verhelfe dir zu Ideen und Inspirationen, die dir scheinbar in den Schoß fallen, so als fielen sie vom Himmel. Wenn du beginnst, deine Argumente zu begründen, gerätst du in Schwierigkeiten. Und eigentlich gibt es bei Eingebungen auch nichts zu begründen. Es ist eine in sich stimmige Art, die Welt zu erfahren und zu verarbeiten. Du kannst dich sogar so stark mit deiner geheimnisvollen Quelle der Inspiration verbinden, dass du die Herzen anderer Menschen berührst und zu öffnen vermagst. Ich, der Schützemerkur, mache dich zu einer Art ›Menschenflüsterer‹. Diese Gabe benötigt viel Umsicht. Du bewegst dich ja im Raum des Geistes, der Ideen und des Glaubens. Dabei verliert man schnell den realen Boden unter den Füßen, wird naiv oder überheblich. Du solltest wissen, dass du unter mir leicht dazu neigst, deine eigenen Ideen als der Weisheit letzten Schluss zu betrachten – egal, wie banal sie auch sein mögen. Du brauchst daher Selbstkritik und Bescheidenheit, musst immer wieder innehalten und dich in Frage stellen. Lass dir aber auf keinen Fall deine Gabe der Inspiration ausreden, und zweifle vor allem nicht selbst daran!

Deine Kontakte sind ›stürmisch‹: Du kannst andere Menschen mitreißen und überzeugen. Auch diese Gabe birgt Gefahren, nämlich dass du anderen etwas aufzwingst oder sie verführst.«

Merkur-Check
Ist man mit diesem Merkur kontaktfähig? Man besitzt die Fähigkeit, andere mitzureißen.
Was bringt einen »den Göttern« näher? Zu diskutieren, sich der Wahrheit dabei allmählich anzunähern, von einer neuen Idee inspiriert zu sein.

Merkur im Zeichen Steinbock – Objektives Denken
Merkurstärken Gründliches, sachliches, konzentriertes, erfahrungsorientiertes Denken
Merkurschwächen Starrsinn

Die Botschaft Merkurs lautet: »Dein Denken ist sachlich, genau und praktisch. Du beziehst dich in deinen Überlegungen auf eigene Erfahrungen, bist aber auch offen für Erfahrungen zuverlässiger Herkunft. Das verleiht dir Sicherheit und Glaubwürdigkeit. Darüber hinaus führt meine Anwesenheit im Zeichen Steinbock zu einem grundsätzlichen Misstrauen. Du neigst dazu, dich – vielleicht ohne es selbst zu bemerken – als ›letzte Instanz‹, als entscheidendes Prüfungsorgan zu verstehen. Gleich einer Art TÜV suchst du nach Fehlern und Missständen, und du übersiehst dabei nichts. Neuem gegenüber bist du besonders skeptisch. Bei Inspektionen, Korrekturen, wissenschaftlichen Arbeiten und überall sonst, wo es gilt, Fehler zu vermeiden, bist du unübertroffen. Du verleihst Ideen den tragfähigen Grund, und du bist die beste Garantie dafür, dass Pläne und Vorhaben zu Ende geführt werden.
Aber ich, der Steinbockmerkur, beschere dir auch Schattenseiten. Manchmal nimmst du durch deine kritische Art anderen die Lust. Du kannst eine Aura des Misstrauens und Pessimismus

verbreiten. Im zwischenmenschlichen Bereich wirkst du unterkühlt und abweisend. Du musst achtgeben, dass du das Kind nicht mit dem Bad ausschüttest. Frag dich selbst, wie konstruktiv deine Einwände sind. Halt dich zurück, wenn es um die Entwicklung neuer Ideen geht. Beobachte zuerst, bevor du dich einschaltest. Es wäre traurig, wenn du deine große, von mir erhaltene Begabung durch Kleinlichkeit und Unüberlegtheit zunichtemachtest.«

Merkur-Check
Ist man mit diesem Merkur kontaktfähig? Auf andere zuzugehen fällt schwer. Sicher ist man nur im sachlichen Austausch.
Was bringt einen »den Göttern« näher? Erfolgreich mit seiner Arbeit voranzukommen, seine Annahmen bestätigt zu finden, Anerkennung zu erlangen.

Venus – Die Liebe

Die Bedeutung der Venus
Kurz nach Sonnenuntergang – der Westen badet sich noch in goldenem Rot, im Osten kündet stahlblauer Himmel die Nacht an – kann man sie sehen, die Venus. Sie ist so hell, dass man sie manchmal mit den Lichtern eines Flugzeugs verwechselt. Und in Gegenden, die nicht künstlich erleuchtet sind, überkommt den Betrachter bei ihrem Anblick das Gefühl einer außerirdischen Begegnung. Der Tag geht zur Ruhe, Venus läutet den Feierabend ein, jene Zeit, die weder der Arbeit noch dem Schlaf gehört, sondern der Muße – und der Liebe.
Aber Venus verzaubert nicht nur den Abend, sondern auch den Morgen. Denn die Hälfte des Jahres läuft sie, wie wir es von der Erde aus sehen, der Sonne nach, und sie steht dann als Venus des Abends nach Sonnenuntergang noch einige Zeit am Abendhimmel. Die andere Hälfte jedoch läuft sie der Sonne voraus und steigt

als Venus des Morgens vor der Sonne über den östlichen Horizont als strahlende Botin des neuen Tages.

Venus oder ihr griechisches Pendant Aphrodite trug den Beinamen »Schaumgeborene« (griechisch *aphrós* = »Schaum«). Einem Mythos zufolge hat Kronos (Saturn[us]), der Vater des Zeus, seinen Vater Uranos mit der Sichel entmannt und das Zeugungsglied bei Zypern ins Meer geworfen. Aus dem Schaum, der sich dabei bildete, ist die Göttin der Schönheit entstanden.

Sie galt als die fruchtbare Patronin des blühenden Frühlings und der überströmenden Frühlingslust. Sie war die Beschützerin der Gärten, Blumen und Lusthaine. Ihre Lieblingsgewächse waren Myrten, Rosen und Lilien, ihre Frucht der Apfel, ihre bevorzugten Tiere Widder, Böcke, Hasen, Tauben und die bunten Schmetterlinge. Vor allem aber war Venus/Aphrodite eine Frau, deren unvergleichliche Schönheit die Männer betörte. Man fand schier kein Ende, all ihre Reize aufzuzählen: göttlicher Wuchs, strahlende Augen, verlockender Blick, rosenknospiger Mund, zierliche Ohren, reizender Busen und dergleichen mehr.

Im Vergleich zu ihr sah ihr hässlicher, hinkender Ehemann Hephaistos, der Gott des Erdfeuers und Schutzgott der Schmiede, ziemlich alt aus, wie man heute sagen würde. Jeder fragte sich, wie diese Schönheit einem so grobschlächtigen Mann zugetan sein konnte, auch Venus selbst: Sie nutzte denn auch jede Gelegenheit zu einem Seitensprung. Der bekannteste und folgenreichste war wohl jener mit Mars, dem Amor entstammte, der spitzbübische Junge mit den heimtückischen Liebespfeilen.

Die schöne Venus bekam ein würdiges Denkmal am Himmel: Das hellste Gestirn wurde nach ihr benannt. Je nach Position kündet Venus als »Abendstern« den Feierabend, vor Sonnenaufgang die nahende Morgenröte an.

»Venus« ist ein anderes Wort für »Liebe, Lust, Zärtlichkeit, Leidenschaft, Zweisamkeit, Anziehung, Nähe, Knistern, Flirten, Sehnsucht, Verschmelzung, Sinnlichkeit« und so fort. Aber jede Venusposition in den Tierkreiszeichen gibt all diesen Facetten der Liebe eine andere Färbung, ein bestimmtes Gewicht, einen spezifischen Glanz.

♀ Das astrologische Symbol besteht aus einem Kreuz und einem Kreis. Letzterer symbolisiert den Geist. Das Kreuz wiederum ist ein Sinnbild für die Materie: Der Kreis steht über dem Kreuz, er lenkt die Materie, führt sie zur Vollendung in der Liebe.

Auf den folgenden Seiten finden sich die bedeutendsten Eigenschaften der Venusposition von Schützegeborenen. Bei einer konkreten Anwendung ist wieder zu berücksichtigen, dass die Konstellation durch Verbindungen mit verschiedenen weiteren Gestirnen unter Umständen eine andere Färbung bekommt und im Einzelfall möglicherweise stark von den hier genannten Deutungen abweicht.

Auch die exakte Venusposition kann über die Homepage des Autors heruntergeladen werden (www.bauer-astro.de).

Der Schütze und seine Venuszeichen

Venus im Zeichen Waage – Kunstvolle Liebe
Venusstärken Charmant, stilvoll, einfühlsam, gütig, freundlich, liebevoll, anziehend, vollkommen schön, verständnisvoll
Venusschwächen Unklar, eingebildet

Die Botschaft der Venus lautet: »Erinnerst du dich noch daran, als du ein kleines Mädchen warst? Du saßest bei Papa auf dem Schoß und himmeltest ihn an. Oder du tapstest süß lächelnd zur Tante, so dass sie dir jeden Wunsch erfüllte. Seitdem hat sich nichts Wesentliches geändert. Du hast vielleicht die Kunst, dich mit allen Tricks und Raffinessen ins beste Licht zu setzen, perfektioniert und beherrschst sie heute aus dem Effeff. Aber du möchtest immer noch, wie damals als Drei- oder Vierjährige(r), dass die Menschen gut und friedlich miteinander umgehen – und erst recht dann, wenn sie sich lieben. Auch wenn dir widriger familiärer oder sonstiger Umstände wegen die Berufung zum Liebeskünstler scheinbar abhandengekommen ist: Selbst die tiefsten Wunden können durch die Kraft der Liebe geheilt werden, die dir bereits in die Wiege gelegt wurde. Probier es noch einmal und lerne dich besser zu schützen! Nicht auf grobe, tölpelhafte, stillose Art, sondern schön verpackt, mit rosaroter Schleife …!«

Venus-Check
Kann man mit dieser Venus gut allein sein? Zum Alleinsein ist man nicht geboren.
Braucht man mit dieser Venus Sicherheit? Ja, aber man gibt sie auch.
Besteht diese Venus auf Treue? Einerseits ja, andererseits ist die Liebe ja so verlockend.
Macht diese Venus eifersüchtig? Weniger eifersüchtig als enttäuscht.
Findet man leicht einen Partner? Keine Frage, so beliebt, wie man ist in der Welt.

Venus im Zeichen Skorpion – Totale Liebe
Venusstärken Leidenschaftlich, hingebungsvoll
Venusschwächen Eifersüchtig, zügellos, ausschweifend, wollüstig, hemmungslos

Die Botschaft der Venus lautet: »Würde man dir sagen, dass du dein ganzes Leben mit einem stinknormalen Liebhaber verbringen wirst, könntest du dich auch gleich einmotten lassen oder ins Kloster gehen. Keine Dramen? Keine Eifersucht? Keine blutigen Schrammen? Liebe ist doch kein Spaziergang, bei dem sich zwei Menschen an den Händen halten und freundlich anlächeln! Eine Herausforderung ist das, ein Tanz auf dem Vulkan, alles oder nichts! Schließlich habe ich mir nicht umsonst die spannendste Ecke im astrologischen Tierkreis ausgesucht. ›Skorpion‹, das ist ein anderes Wort für ›Finsternis‹, für ›Unterwelt‹, für ›Hölle‹. Aber ›Skorpion‹ bedeutet auch ›Transformation‹. Wer hinuntertaucht in die tiefste Lust und Leidenschaft, wer den Mythos völliger Hingabe nachvollzieht, der geht nicht unter, sondern steigt strahlend, leicht und selbstbewusst wieder auf: Am anderen Ende des Tunnels ist Licht – und das weißt du auch!«

Venus-Check
Kann man mit dieser Venus gut allein sein? Es geht, aber man leidet.
Braucht man mit dieser Venus Sicherheit? Nein, sondern Leidenschaft, Gefühl, Tiefe.
Besteht diese Venus auf Treue? Natürlich, bis zum Tod!
Macht diese Venus eifersüchtig? Das ist das Problem: Man ist abgrundtief eifersüchtig.
Findet man leicht einen Partner? Nein, weil man nicht jeden akzeptiert.

Venus im Zeichen Schütze – Flammende Liebe
Venusstärken Unabhängig, frei, verfeinerte und vergeistigte Ansicht von Liebe, große Vorstellungskraft, erfinderisch, feurig, wahrhaftig, selbstsicher
Venusschwächen Prahlerisch, bindungsunfähig, zur Untreue neigend

Die Botschaft der Venus lautet: »Das astrologische Zeichen Schütze symbolisiert keine ruhmreichen Krieger, auch keine kosmischen Sportsmänner oder -frauen, sondern Fabelwesen mit Pferdeleib und menschlichem Oberkörper. Im griechischen Mythos trugen sie den Namen ›Zentauren‹. Mensch und Tier sind natürlich Metaphern für (menschlichen) Geist, Verstand, Einsicht und Weisheit einerseits und (tierische) Lust, Sex, Gier und Triebhaftigkeit andererseits. Genau zwischen diesen beiden Polen spielt sich dein Liebesleben ab: ›La belle et la bête‹ – erkennst du dich? Du bist die oder der schöne, sanfte Geliebte, die oder der ein fremdes Wesen nach Hause trägt, es pflegt und zähmt und wärmt und ihm ›die Wunden leckt‹ …

Und das Spiel funktioniert genauso gut auch umgekehrt: Dann bist du das wilde Tier, die pure Gier, und dein Partner reagiert aus dem Kopf heraus, gibt sich ein bisschen weise, ist aber in jedem Fall meilenweit entfernt von seiner eigenen Lust, die du ihm wieder schenken willst. Werden beide Seiten wie Himmel und Hölle auf ewig miteinander ringen? Wer weiß?! Sicher ist, dass Menschen mit der Venus im Zeichen Schütze oft solo leben, sehr selbstbewusst sind und von den lustvollsten Erfahrungen mit den unterschiedlichsten Partnern zu berichten wissen. Beweist das nicht, dass das Spiel zwischen Himmel und Hölle viel spannender ist als der brave Mittelweg?«

Venus-Check
Kann man mit dieser Venus gut allein sein? Kein Problem. Man findet immer Begleitung.
Braucht man mit dieser Venus Sicherheit? Keinesfalls, sondern Abenteuer.
Besteht diese Venus auf Treue? Nein, aber unbedingt auf Fairness.
Macht diese Venus eifersüchtig? Da muss man durch.
Findet man leicht einen Partner? Ja, und zwar rund um den Globus.

Venus im Zeichen Steinbock – Beherrschte Liebe
Venusstärken Entwicklungsfähig, tief, erdig, verbunden, ehrgeizig, strebend
Venusschwächen Gefühlskalt, verstimmt, melancholisch

Die Botschaft der Venus lautet: »Partner, die beim Liebesakt wie Hirsche röhren, ohne den anderen nicht einschlafen können und nur aus Angst vor dem Alleinsein in einer Beziehung bleiben – dies alles ist nicht deine Vorstellung von Liebe! Du nimmst die Liebe selbst in die Hand, bestimmst, wie es läuft, und hast deine Gefühle im Griff. Du kannst auch allein sein – weißt aber sehr wohl, wie man sich eine(n) Liebhaber(in) besorgt.

Ein bisschen cool bist du auch. Der Steinbock ist ein Winterzeichen und befindet sich als solches eher auf dem Rückzug, auf der Suche nach Schutz. Damit kommt man aber schwer an dich heran. Das musst du verstehen! Irgendwann in deinem Leben war es ›eiskalt‹. Vielleicht wurde deine Liebe sogar schon als Kind missbraucht. Sich zu schützen war lebenswichtig. Aber nichts bleibt immer so, wie es ist. Selbst nach dem kältesten Winter folgt der Frühling.«

Venus-Check
Kann man mit dieser Venus gut allein sein? Ja, das ist sogar eine Stärke.
Braucht man mit dieser Venus Sicherheit? Nein, man selbst ist sicher.
Besteht diese Venus auf Treue? Ja, und zwar absolut. Untreue löst den Rachereflex aus.
Macht diese Venus eifersüchtig? Nein, nicht besonders.
Findet man leicht einen Partner? Nein, dazu ist man zu anspruchsvoll.

Venus im Zeichen Wassermann – Utopische Liebe
Venusstärken Frei, originell, fair, aufgeschlossen, unabhängig, kameradschaftlich
Venusschwächen Unpersönlich, distanziert, fremd, bindungsunfähig

Die Botschaft der Venus lautet: »Du bist wie jener Vogel, der freiwillig im Käfig bleibt und wunderschön zwitschert, solange die Tür sperrangelweit offen steht. Macht es ›Schnapp!‹, die Tür ist zu, beginnt der Vogel zu kreischen und zu toben. Nichts zu machen! Deine Liebe ist klaustrophobisch. Manchmal flippst du schon aus, wenn jemand die Fenster schließt oder beim Schlafen den Arm um dich legt. Das hat überhaupt nichts mit mangelnder Liebe zu tun: Deine Liebesfähigkeit ist über jeden Zweifel erhaben. Aber du brauchst ›Luft‹, Spielraum, Freiheit. Eifersucht, Besitzanspruch, Zweisamkeit: Derartige Wörter haben in einer Beziehung nichts zu suchen. In Wirklichkeit klaffen Theorie und Praxis dann doch auseinander. Das ist aber kein Problem. Du darfst ruhig widersprüchlich sein, daran wächst du.«

Venus-Check
Kann man mit dieser Venus gut allein sein? Man kann, aber es passiert ziemlich selten.
Braucht man mit dieser Venus Sicherheit? Nein, die gibt es ohnehin nicht.
Besteht diese Venus auf Treue? Gefordert werden Fairness und Loyalität, die sind wichtiger als Treue.
Macht diese Venus eifersüchtig? »Nein!«, sagt man, fühlt aber ein »Ja«.
Findet man leicht einen Partner? Dabei gibt es keinerlei Probleme.

Mars – Potent, sexy und dynamisch

Die Bedeutung des Mars

Rötlich funkelnd wie Feuer oder Blut, so präsentiert sich nur ein Gestirn am nächtlichen Himmel: der Planet Mars. Abhängig von seiner Nähe zur Erde verändert sich obendrein die Intensität. Menschen früherer Zeiten erschauerten daher, wenn sein Rot zunahm. Sie sprachen von einem zornigen Auge am Himmel und betrachteten es als böses Omen.

In klassischer Zeit galt Mars als Herr und Beschützer der Kriege. Hinter Mars stecken allerdings nicht nur bedrohliche Eigenschaften: So schickt er zum Beispiel zündende Ideen, verleiht Startkraft und schenkt Courage. Mars sorgt für den richtigen Biss, um sich behaupten und Rivalen aus dem Weg schlagen zu können. Er verleiht die für das Konkurrenzgerangel unerlässlichen »spitzen Ellbogen« und programmiert auf Sieg. Er verkörpert das Urmännliche, den heldenhaften, schönen Jüngling genauso wie einen sexbesessenen Macho. Mars steht auch einfach für Libido und Potenz. In ganz besonderer Weise verrät die Marsposition die Art und Weise des Eroberungsspiels: Ob man direkt auf jemanden zugeht, abwartet oder gar zum Rückzug bläst, es ist Mars, der die Fäden in der Hand hält.

Mars ist ein absolut männlicher Planet, vielleicht der männlichste überhaupt. Frauen besitzen zwar genau wie Männer ihren Mars, aber eher als Potenzial, als Anlagebild, und neigen dazu, ihn nicht selbst auszuleben, sondern ihn zu projizieren. Sie suchen sich Männer, die ihrem Mars entsprechen. Über diesen Umweg hat er dann doch Anteil an ihrem Leben. Frauen, die Berufe ergreifen, welche früher eher als typisch männlich galten (im Management beispielsweise), leben ihren Mars weitgehend selbst. Er ist der regierende Planet des Widders und weist daher viele Wesenszüge dieses Tierkreiszeichens auf.

♂ Das astrologische Symbol besteht aus einem Kreis und einem Pfeil. Ersterer symbolisiert den Geist, Letzterer die Bewegung. Das Symbol in seiner Gesamtheit steht für einen bewegten und bewegenden Geist.
Auf den folgenden Seiten finden sich die zentralen Eigenschaften der Marsposition in einem Horoskop. Bei einer individuellen Anwendung ist ein weiteres Mal zu berücksichtigen, dass die Konstellation durch Verbindungen mit verschiedenen Gestirnen immer eine andere Nuance bekommen und im Einzelfall auch einmal stark von den hier genannten Interpretationen abweichen kann.
Ihre exakte Marsposition können Sie wieder über die Homepage des Autors herunterladen (www.bauer-astro.de).

Der Schütze und seine Marszeichen

Mars im Zeichen Widder – Impulsiv
Marsstärken Energisch, kühn, mutig, stolz
Marsschwächen Streitsüchtig, egoistisch

Die Botschaft des Mars lautet: »Du verfügst über doppeltes Feuer, bist kämpferisch, mutig und furchtlos. Du machst fast vor nichts halt, bist ein Draufgänger, ein Held und Abenteurer, jemand, der nicht lange fackelt. Du willst nach deiner Fasson leben und sorgst dafür, dass dein Wille geschieht. Allerdings kann es sein, dass du mich (noch) nicht hast zu Wort kommen lassen, dass du dich und andere vor mir schützt, mich vielleicht unterdrückst oder verleugnest. Du hältst dich vielmehr für eine friedliche oder gehemmte Person.
Möglicherweise verspürst du gelegentlich ein inneres Rumoren, es packt dich ein Beben, das in einen völlig unerwarteten Wutausbruch mündet. Wahrscheinlich steigt dir diese eingesperrte Power in den Kopf und macht sich dort schmerzhaft bemerkbar. Sei, wie du bist. Gib nach, verschaff dieser Kraft rechtzeitig Raum – und dir Luft!
Was hilft, ist eine Tätigkeit, die dir möglichst viel Freiheit lässt. Erleichterung findest du auch über sämtliche aktiven Sportarten.

Am wichtigsten aber ist, dass du mit der Zeit mehr und mehr zu mir und damit zu dir stehst, dir mehr zutraust, öfter mal über die Stränge schlägst und dich nicht dafür tadelst, wenn dein ›marsischer‹ Anteil über dich kommt.«

Mars-Check
Wie gut setzt man sich mit diesem Mars durch? Die Voraussetzungen sind exzellent.
Wie aggressiv macht dieser Mars? Sehr, sofern man sich nicht auslebt.
Wie viel Sexpower bekommt man mit ihm? Jede Menge, vorausgesetzt, man unterdrückt sich nicht selbst.

Mars im Zeichen Stier – Beharrlich
Marsstärken Ausdauernd, zäh, sinnlich
Marsschwächen Jähzornig, gierig, stur

Die Botschaft des Mars lautet: »Die Kombination meines Feuers mit der Erde des Stiers verleiht dir die Stärke eines mittleren Erdbebens. Was du anpackst, ziehst du auch durch, denn du hast nicht nur Kraft, sondern bist auch zäh und ausdauernd. Dein Feuer brennt nicht lichterloh, um dann rasch in sich zusammenzufallen. Es gleicht einer beständigen Glut. Darüber hinaus bringt die Begegnung mit mir und dem Stier eine betont sinnliche Komponente in dein Dasein. Als dritte Haupteigenschaft verfügst du über einen enormen Erwerbstrieb: Dein Lebtag lang arbeitest du für Sicherheit, Geld, ein Haus, Luxus oder was auch immer. Du bist dazu geboren, das Fleckchen Erde, auf dem du lebst, in ein blühendes Paradies zu verwandeln.
Möglicherweise führe ich bei dir aber ein Schattendasein, und du kennst mich noch gar nicht richtig. Vielleicht schätzt du dein Leben überhaupt nicht als übermäßig sinnlich ein oder bezeichnest dich sogar als arm. Aber das heißt nur, dass du mich noch nicht gefunden hast. Doch ich bin da. Meine kolossale Kraft, meine Sinnlichkeit und der Zug zum Reichtum schlummern in dir.

Was dir hilft, mich zu aktivieren, sind körperliche Bewegung und Kontakt mit der Natur. Am wichtigsten aber ist, dass du an mich glaubst und in deinem Denken und Handeln Raum für mich schaffst.«

Mars-Check
Wie gut setzt man sich mit diesem Mars durch? Stark wird man bei Angriffen.
Wie aggressiv macht dieser Mars? Sehr, wenn man gereizt wird.
Wie viel Sexpower bekommt man mit ihm? Darüber muss kein Wort verloren werden. Oder höchstens eines: viel!

Mars im Zeichen Zwillinge – Verspielt
Marsstärken Gewandt, neugierig, vielseitig
Marsschwächen Unkonzentriert, zerstreut

Die Botschaft des Mars lautet: »Ich helfe dir dabei, ein unternehmerischer, vielseitig interessierter und talentierter Mensch zu sein. Mein Feuer in Verbindung mit der Luft des Zwillingezeichens macht dich mutig und unerschrocken. Die beiden Elemente ergeben eine sehr günstige Mischung: Feuer braucht Luft. Im übertragenen Sinne bedeutet Luft Kommunikation. Daraus folgt, dass du vitaler, lebendiger und feuriger wirst, sobald du unter Menschen bist. Hingegen dämpft Alleinsein dein Temperament. Oder die Gedanken beginnen zu rotieren, und du kannst deinen Kopf nicht mehr abschalten.
Deine ohnehin vorhandene Neugier wird durch mich noch beflügelt. Dein Interesse an allem lässt sich jedoch nur im Kontakt mit deiner Außenwelt ausreichend befriedigen. Allerdings kann es auch sein, dass du mich noch gar nicht richtig entdeckt hast und mich daher nicht ausleben kannst. Dein eigenes Leben kommt dir vielleicht überhaupt nicht übermäßig interessant und abwechslungsreich, sondern eher ziemlich öde vor. Dann ist es höchste Zeit, mich ans Licht zu holen. Du spürst womöglich schon, wie ich in deinem Innern rumore.

Was dir hilft, mich zu ›wecken‹, sind Atemübungen und viel körperliche Betätigung an der frischen Luft. Am wichtigsten aber ist, dass du an mich glaubst und in deinem Denken und Handeln Raum für mich schaffst.«

Mars-Check
Wie gut setzt man sich mit diesem Mars durch? Auf den Mund gefallen ist man mit ihm auf keinen Fall.
Wie aggressiv macht dieser Mars? Man schimpft höchstens einmal kräftig.
Wie viel Sexpower bekommt man mit ihm? Sex macht Spaß. Man hat viel Lust dazu, übertreibt's aber nicht.

Mars im Zeichen Krebs – Gefühlvoll
Marsstärken Emotional, eruptiv
Marsschwächen Schwierig, gebremst, »zickig«

Die Botschaft des Mars lautet: »Wir beide haben es nicht ganz leicht miteinander. Das Wasser des Krebszeichens kann mein Feuer zum Erlöschen bringen. Dann bist du ein Mensch, der Schwierigkeiten hat, seinen Willen durchzubringen, notfalls mal die Ellbogen einzusetzen, sich zu behaupten. Denn das sind die Eigenschaften, die ich verleihe. Zugleich aber bist du vermutlich innerlich gespannt, spürst Wut, Frustration und Ungenügen und kannst damit aber nicht richtig herausrücken. Du kannst allerdings auch diese feurigen Eigenschaften in dir transformieren. Du wirst jedoch nicht so direkt und forsch handeln, wie es diese Attribute ungebremst ermöglichen würden. Dafür besitzt du dann aber ein tiefes Gefühlsleben. Du bist so in positivster Weise ein Mensch, der tief in sich hineinschaut und seine Seele wie auch die anderer kennt.
Wenn du mich so lebst und erlebst, bist du ein rezeptiver, kreativer Mensch, einer, der durch sein Mitschwingen mit anderen und sein psychologisches Gespür am Ende genauso viel erreicht wie Men-

schen mit anderen Marspositionen. Allerdings kann es auch sein, dass ich bei dir noch ein Schattendasein führe. Du schätzt mich nicht und versuchst, mich durch effektiveres Verhalten zu ersetzen. Nur funktioniert das so eben nicht: Am Ende wirst du noch unsicherer sein.
Steh zu mir, deinem Mars! Lebe mich mit all meinen Widersprüchen. Befass dich mit Psychologie. Das hilft dir, dich selbst besser zu verstehen.«

Mars-Check
Wie gut setzt man sich mit diesem Mars durch? Es fällt einem schwer, sich auf direktem Weg durchzusetzen.
Wie aggressiv macht dieser Mars? Es dauert eine Weile, bis man wütend wird, dann aber richtig.
Wie viel Sexpower bekommt man mit ihm? Man ist sehr erotisch, wenn man sich sicher fühlt.

Mars im Zeichen Löwe – Imposant
  Marsstärken Selbstbewusst, herzlich, stolz
  Marsschwächen Selbstsüchtig, eitel

Die Botschaft des Mars lautet: »Du verfügst über doppeltes Feuer. Ich, der feurige Planet, begegne dem Löwen, einem dem Element Feuer zugehörenden Zeichen. Feuer trifft also auf Feuer, vereinigt sich, wird zur lodernden Flamme. Da Feuer ein Symbol gleichermaßen für Tatkraft wie geistige Regsamkeit ist, musst du ein dynamischer, unternehmungsfreudiger Mensch sein, dessen Wirken durchdrungen ist von geistiger Weitsicht und Größe. Deinen hohen Ansprüchen, mit denen du um die Durchsetzung deiner Ziele kämpfst, stehen eine einnehmende Herzlichkeit und eine lockere, beinah spielerische Haltung gegenüber. Man könnte meinen, deine Erfolge fielen dir einfach in den Schoß. Aber du bekommst nichts ›gratis‹. Du bist dem Leben und anderen Menschen gegenüber immer hilfsbereit und großzügig, und das gibt dir das

Leben zurück. Solltest du dich in diesem Bild nicht wiederfinden und dich vom Leben eher benachteiligt als beschenkt fühlen, führe ich bei dir ein Schattendasein. Du hast mich noch gar nicht richtig entdeckt und kannst mich daher nicht ausleben.

Was dir hilft, mich in Gang zu bringen, sind Bewegung, Tanz, aktiver Sport. Vor allem aber musst du direkter, spontaner und selbstbewusster werden. Du musst dich mit mir in deinem Inneren verbinden – es ist alles da, was du dazu benötigst.«

Mars-Check
Wie gut setzt man sich mit diesem Mars durch? Das bereitet überhaupt keine Probleme.
Wie aggressiv macht dieser Mars? Man lässt sich nicht leicht aus der Ruhe bringen. Ist es aber einmal so weit, dann kracht's.
Wie viel Sexpower bekommt man mit ihm? Starken Partnern schenkt man alles. Schwächlinge schläfern ein.

Mars im Zeichen Jungfrau – Bedacht
Marsstärken Geistig fit, vernünftig, aktiv, arbeitsmotiviert, fleißig
Marsschwächen Zwanghaft, überängstlich

Die Botschaft des Mars lautet: »Feuer und Erde verbinden sich, wenn ich bei der Jungfrau, einem Erdzeichen, Station mache. Feuer und Erde zusammen wecken Aktivität, Arbeitswillen, Genauigkeit und Realitätssinn. Dein Feuer gleicht einer anhaltenden Glut. Das formt dich zu einem Menschen, der gern und gut arbeitet, ausdauernd und präzise ist, strategisch vorgeht und sich nicht unüberlegt in seine Arbeit stürzt. Diese Konstellation macht dich auch vorsichtig. Das kann unter Umständen in Kleinlichkeit und Angst ausarten. Ebenso mag eine übertrieben kritische Haltung sich selbst und anderen gegenüber die Folge sein. Du brauchst daher ein Ventil, etwas, was dir erlaubt, mich ohne zu viel Kontrolle und Analyse ausleben zu können, zum Beispiel beim Sport oder bei anderen körperlichen Aktivitäten. Auch riskante Freizeitbeschäftigungen (Paragliding, Klettern) sind für uns beide geeignet: Du passt nämlich gut auf dich auf, und meinen Ansprüchen geschieht Genüge. Das wiederum kommt, zusammen mit der Jungfrauenergie, deinem Schaffen zugute.

Du solltest auch einen Weg finden, deine Wut und deine Verletzungen besser zu zeigen. Du neigst nämlich dazu, deine Aggressionen zu unterdrücken und irgendwo zu ›bunkern‹ – bis dann das Maß voll ist und du wegen einer Kleinigkeit explodierst.«

Mars-Check
Wie gut setzt man sich mit diesem Mars durch? Das fällt leider nicht leicht.
Wie aggressiv macht dieser Mars? Es dauert eine ganze Weile, bis es zur Explosion kommt.
Wie viel Sexpower bekommt man mit ihm? Man ist weder Hengst noch Schnecke. Auf jeden Fall macht Erfolg sexy.

Mars im Zeichen Waage – Charmant

Marsstärken Lebhaft, gesellig, beliebt, ausgleichend, korrekt
Marsschwächen Ausschweifend, untreu, unmäßig

Die Botschaft des Mars lautet: »In dieser Position vereinigen sich mein Feuer und die Luft der Waage. Davon profitieren beide Elemente, und sie werden aufgewertet. Du bist daher ein leichter, ›luftiger‹ Mensch von sanguinischem Temperament und besitzt die Gabe, andere rasch für dich einzunehmen. Dein Auftreten ist charmant, einfühlsam, zuvorkommend. Ein weiteres Plus dieser Position sind ein guter Geschmack und künstlerisches Talent.

Mit mir im Zeichen Waage wirst du zu einem Streiter für Frieden und Ausgleich. Wo immer Ungerechtigkeiten und Zwietracht herrschen, fühlst du dich aufgerufen, zu schlichten und zu versöhnen. Zuweilen breche ich aber auch bei dir in all meiner Heftigkeit

durch, nämlich dann, wenn du zu lange versucht hast, mich zu kontrollieren und zu unterdrücken.
Mit mir kommt auch dein Denken schwer in Gang. Du glaubst, alle Probleme mit dem Kopf lösen zu können. Wichtig ist, dass du dir für ›deinen Mars‹ ein Ventil suchst. Man kann mich nicht zu permanenter Friedfertigkeit verdonnern. Aber wenn du mich anderweitig lebst, beim Sport, bei abenteuerlicher Freizeitgestaltung, dann gelingt es dir besser, mich für deine pazifistischen Missionen einzuspannen.«

Mars-Check
Wie gut setzt man sich mit diesem Mars durch? Als guter Taktiker beißt man sich durch.
Wie aggressiv macht dieser Mars? Der Grundtenor ist friedlich. Gelegentliche Eruptionen sind nicht ausgeschlossen.
Wie viel Sexpower bekommt man mit ihm? Sex ist da. Gesucht aber wird geistiges Verstehen.

Mars im Zeichen Skorpion – Leidenschaftlich
Marsstärken Kraftvoll, ausdauernd, hartnäckig, furchtlos, mutig
Marsschwächen Lasterhaft, rachsüchtig

Die Botschaft des Mars lautet: »Dir steht durch mich eine besondere, eine starke, vitale Kraft zur Seite. Du bist ausgesprochen zäh, wenn es um die Verwirklichung eines Zieles geht, an dem dir auch emotional liegt. Selbst Mühen und Unannehmlichkeiten, mit denen sich andere Menschen nicht belasten würden, nimmst du dann gern in Kauf. Nicht verwunderlich, dass diese Hartnäckigkeit mitunter zu außerordentlichen Leistungen führt! Dennoch bist du kein Kraftprotz, einer, der die Muskeln spielen lässt und bei jeder Gelegenheit zeigen will, was er draufhat.
Der Skorpion ist vom Element her ein Wasserzeichen. Daher ist meine Kraft nicht auf äußere Wirkung aus. Meine Power geht nach innen. Diese Position führt dazu, dass du instinktmäßig weißt,

wann dein Einsatz erforderlich ist, wann etwas Bedeutsames und Wichtiges ansteht und erledigt werden muss: Dann wirst du zum ›Helden‹. Daher ist dir zu raten, entsprechende Herausforderungen zu suchen und anzunehmen. Nur dann stehe ich voll auf deiner Seite. Ohne solche Kicks wirst du eher müde und lustlos reagieren. In der Verbindung zwischen Skorpion und mir besteht eine starke Neigung zur Zerstörung. Das ist immer dann gut, wenn etwas alt, verbraucht, überholt und ein neuer Anfang angezeigt ist. Aber hüte dich vor sinnloser Destruktion!

Mit dieser Konstellation verfügst du auch über eine kolossale Sexpower. Du bist leidenschaftlich, triebstark und letztendlich beseelt von der Idee, Nachwuchs in die Welt zu setzen.«

Mars-Check
Wie gut setzt man sich mit diesem Mars durch? Man operiert mit seiner Power indirekt und drückt so seinen Willen durch.
Wie aggressiv macht dieser Mars? Der Zerstörungskraft sind kaum Grenzen gesetzt.
Wie viel Sexpower bekommt man mit ihm? Mehr als alle anderen.

Mars im Zeichen Schütze – Temperamentvoll

Marsstärken Schlagfertig, gerecht, begeisterungsfähig, klar und offen
Marsschwächen Streitbar, aggressiv, beleidigend

Die Botschaft des Mars lautet: »Hier trifft Feuer auf Feuer, denn sowohl ich als auch der Schütze sind ihrer Natur nach feurig. Eine lodernde Flamme entsteht. Und im Zeichen Schütze manifestiere ich mich mit besonderer Intensität. Da Feuer ein Symbol gleichermaßen für Tatkraft wie geistige Regsamkeit ist, wirst du ein dynamischer, unternehmungsfreudiger Mensch, dessen Wirken durchdrungen ist von geistiger Weitsicht und Größe. Dein Handeln und Wirken werden stark von Idealen geleitet: von Gerechtigkeit, Ritterlichkeit und Fairness. Du bist leicht zu begeistern und, einmal in Schwung, kaum zu bremsen. Was du brauchst, ist ein Ziel, eine Hoffnung, eine Perspektive, sonst erlischt dein Feuer.

Allerdings kann es auch sein, dass dein Mars noch ein Schattendasein führt, dass du mich noch gar nicht richtig entdeckt hast. Vielleicht meinst du, keineswegs feurig oder übermäßig aktiv zu sein, sondern erlebst dich eher als passiven Zeitgenossen. Dies hieße dann, dass du einen Teil deines Selbst negierst – und dich auf die Suche nach mir, deinem Mars, begeben solltest.

Was dir hilft, mich zu initiieren, sind Bewegung, Tanz, aktiver Sport und Reisen. Vor allem aber solltest du direkter, spontaner und selbstbewusster werden. Du musst dich mit mir in deinem Inneren verbinden. Es ist alles vorhanden, was du brauchst.«

Mars-Check
Wie gut setzt man sich mit diesem Mars durch? Das klappt gut, solange Fairness herrscht.
Wie aggressiv macht dieser Mars? Zu streiten lohnt sich nur für eine gute Sache.
Wie viel Sexpower bekommt man mit ihm? Mit Sex ist man dem Himmel nah.

Mars im Zeichen Steinbock – Hartnäckig
Marsstärken Verantwortungsvoll, geduldig, zäh, mutig, tatkräftig
Marsschwächen Eigenwillig, missmutig

Die Botschaft des Mars lautet: »Das ist eine Verbindung von Feuer und Erde, da der Steinbock zu den Erdzeichen zählt. Feuer und Erde zusammen wecken Arbeitswillen, Genauigkeit und Realitätssinn. Dein Feuer brennt nicht lichterloh (um sich dann rasch zu verzehren), sondern langanhaltend wie eine wohlgeschürte Glut. Das macht dich zu einem Menschen, der gern und gut arbeitet, ausdauernd und präzise ist, strategisch vorgeht und sich nicht unüberlegt in seine Arbeit stürzt. Du bist auch extrem widerstandsfähig. Man kann dich mit einem Diamantbohrer vergleichen, der sich in eine Sache unaufhaltsam hineinfrisst. Und du bist erfolgreich. Du verfügst über die entsprechende Motivation und ein Gespür für Machtverhältnisse.

Diese Konstellation bedeutet aber auch, dass ein Wandel vonstattengehen muss. Aus einer impulsiven, feurigen, leicht erregbaren, leidenschaftlichen Energie wird eine kontrollier- und regelbare Kraft, die sich einer höheren Absicht fügt und dem Allgemeinwohl dient. Du darfst allerdings die ursprüngliche Qualität von mir, deinem Mars, nicht vollständig verlieren. Das würde zu Aggressionsstau und unter Umständen sogar zu gesundheitlichen Problemen führen.

Es ist also wichtig, dass du dir für die transformierten Eigenschaften ein Ventil suchst. Wenn du sie anderweitig lebst, beim Sport oder bei abenteuerlicher Freizeitgestaltung, dann gelingt es dir besser, mich für deine höheren Zwecke einzuspannen.«

Mars-Check
Wie gut setzt man sich mit diesem Mars durch? Harte Arbeit führt zum Ziel.
Wie aggressiv macht dieser Mars? Eigentlich ist man friedlich, lässt sich aber ungern provozieren.
Wie viel Sexpower bekommt man mit ihm? Wenn die Verhältnisse stimmen, kommt es zu Gipfelerlebnissen!

Mars im Zeichen Wassermann – Einfallsreich
Marsstärken Aufgeweckt, innovativ, selbständig, schöpferisch
Marsschwächen Prahlerisch, eingebildet

Die Botschaft des Mars lautet: »Es vereinigen sich Feuer (Mars) und Luft (Wassermann). Diese Kombination kommt beiden Elementen zugute und wertet sie auf. Du bist daher ein leichter, ›luftiger‹ Mensch, der über die Gabe verfügt, andere für sich einzunehmen. Dein Auftreten ist charmant, einfühlsam und zuvorkommend. Alltag, graues Einerlei, tägliche Routine sind dir ein Greuel. Du möchtest Neues erschaffen, eingefahrene Gleise verlassen, originell und schöpferisch sein. Freiheit ist für dich überaus wichtig. Du arbeitest besser, wenn dich nicht ständig jemand gängelt. Du bist der geborene ›Freelancer‹. Dein ausgeprägtes Improvisationstalent ermöglicht es dir, originelle und unkonventionelle Lösungen zu finden, wenn du nicht durch Vorgaben eingeschränkt wirst. Auch in Beziehungen wird es schnell zu eng. Eine Ehe bereitet dir ebenfalls Probleme; du fühlst dich unfrei, wie ›eingesperrt‹.

Vielleicht aber entspricht diese Charakterisierung nicht deinem Selbstbild: Weder schätzt du dich als unabhängig oder freiheitsliebend noch als übermäßig schöpferisch ein. Dann ist zu vermuten, dass dein Mars noch auf seine Entdeckung wartet. Mach dich auf die Suche!

Was dir hilft, mich zu aktivieren, ist Bewegung, vor allem Tanz. Noch wichtiger aber wird es sein, unkonventioneller und spontaner zu werden. Du musst dich mit mir in deinem Inneren verbinden. Es ist alles da, was du dazu benötigst.«

Mars-Check
Wie gut setzt man sich mit diesem Mars durch? Genialität ist vorhanden, aber nicht unbedingt Durchsetzungskraft.
Wie aggressiv macht dieser Mars? Ein solches Verhalten ist undenkbar.
Wie viel Sexpower bekommt man mit ihm? Sex ist schön, aber längst nicht alles.

Mars im Zeichen Fische – Abwartend
Marsstärken Empfänglich, intuitiv, einfühlsam, kreativ
Marsschwächen Willensschwach, beeinflussbar, leicht zu täuschen

Die Botschaft des Mars lautet: »Mein Feuer und das Wasser der Fische treffen aufeinander. Das kann dazu führen, dass das Feuer zunächst einmal erlischt. Dann bist du ein Mensch, der Schwierigkeiten hat, seinen Willen durchzusetzen, die ›Ellbogen‹ zu benutzen, sich zu behaupten – denn all dies sind Eigenschaften, die ich, der Planet Mars, verleihe. Gleichzeitig fühlst du dich jedoch innerlich gespannt, spürst Wut, Frustration und Ungenügen, aber du kannst damit nicht richtig herausrücken.

Es gibt allerdings auch die Möglichkeit, diese Qualitäten zu transformieren. Du wirst dann zwar noch lange nicht so direkt und forsch handeln können, wie es die ungebremsten Eigenschaften ermöglichen würden. Dafür gewinnst du eine andere Fähigkeit, nämlich ein kolossales Gespür. Das Fischezeichen ist seinem Wesen nach transparent, es besitzt keine klaren Grenzen, versetzt daher in die Lage, sich universell zu vernetzen. Du hast also eine Art sechsten Sinn, spürst andere Menschen, die sich nicht einmal in der Nähe aufhalten.«

Mars-Check
Wie gut setzt man sich mit diesem Mars durch? Das macht Probleme. Es gelingt nur dann wirklich, wenn man von der Sache hundertprozentig überzeugt ist.
Wie aggressiv macht dieser Mars? Es dauert ewig, bis man aus der Haut fährt.
Wie viel Sexpower bekommt man mit ihm? Sex ist wunderbar, aber er ist nicht alles.

Jupiter – Innerlich und äußerlich reich

Die Bedeutung Jupiters

Nachts, wenn Venus nicht mehr (oder noch nicht) am Himmel leuchtet, ist Jupiter eines der hellsten Gestirne überhaupt. Kein Wunder daher, dass er unseren Vorfahren, die der Nacht in viel umfassenderem Maße ausgeliefert waren als wir heute in unserer künstlich erhellten Zeit, ein Symbol für Hoffnung, Trost, Stimmigkeit und Gerechtigkeit war. Oft verband man ihn mit der obersten Gottheit.

So auch in der griechischen Mythologie, auf die sich die Symbolik der Astrologie entscheidend bezieht. Jupiter heißt bei den Griechen »Zeus«, und über ihn gibt es unzählige Mythen. So war er es, der gegen seinen grausamen Vater Saturn(us) bzw. Kronos, den obersten der Titanen, antrat und ihn besiegte. Saturn hatte nämlich außer Zeus alle seine Nachkommen aufgefressen, weil ihm geweissagt worden war, dass ihn eines seiner Kinder vom Throne stoßen würde. Rheia, Zeus' Mutter, versteckte ihren Sohn vor dem Vater, und die Prophezeiung erfüllte sich: Zeus entthronte ihn und warf ihn in den Tartaros.

Andere Geschichten über Jupiter/Zeus erzählen eher Delikates. So gelüstete es den obersten Gott immer wieder nach weltlichen Frauen, die er durch List dazu brachte, mit ihm zu schlafen und Kinder von ihm zu empfangen. Bei Leda zum Beispiel verwandelte er sich in einen Schwan und zeugte mit ihr Pollux. Auch Herakles und Dionysos entstammten seinem gemeinsamen Lager mit sterblichen Frauen. Gezeugt durch den unsterblichen Jupiter, erlangten seine Kinder ebenfalls das ewige Leben.

Die Position Jupiters im Horoskop verweist daher einerseits auf tiefe Einsichten: Jupiter sorgt dafür, dass einem »ein Licht aufgeht«, man letzten Endes weise wird. Auf der anderen Seite verkörpert er eine Gestalt, der eine unendlich große Liebe zukommt. Sinnbildlich gesprochen, sehnt sich der Mensch danach, sich mit dem göttlichen Jupiter zu vereinigen, um Kinder (symbolisch für Ideen und Taten) zu gebären, die unsterblich sind.

Des Weiteren symbolisiert Jupiter den großen Helfer, Heiler und Versöhner. Dort, wo er im Horoskop steht, findet der Mensch Kräfte, sich und andere zu trösten und zu stärken. Am bekanntesten ist Jupiter in der Astrologie aber deswegen, weil er das Glück verheißt.

♃ Das astrologische Symbol Jupiters besteht aus einem Halbkreis (er repräsentiert seelische Empfänglichkeit) und einem Kreuz, das wieder die Materie symbolisiert. Der Halbkreis neben dem Kreuz bedeutet: Das Seelische und die Materie gelten als gleichwertig, keines überragt das andere.

Wie zuvor bei Aszendent, Mond, Venus und Mars lässt sich die genaue Jupiterposition eines Horoskops mit Hilfe der Website des Autors ermitteln (www.bauer-astro.de).

Der Schütze und seine Jupiterzeichen

Jupiter im Zeichen Widder – Das Glück der Inspiration
Jupiterstärken Selbstvertrauen, Optimismus
Jupiterschwächen Prahlerei

Die Botschaft Jupiters lautet: »Glück ist für dich die Möglichkeit, deinen Willen und deine Impulse spontan und unmittelbar umsetzen zu können. Du bist ein Abenteurer, in Wirklichkeit wie im Geiste. Du möchtest wie Kolumbus die Welt entdecken. Und wie Einstein, Hildegard von Bingen oder Galileo Galilei den Gipfel menschlicher Erkenntnis erreichen. Wenn du dich bewegst, geistig wie körperlich, bist du deinem Schöpfer am nächsten. Stillstand hingegen führt zur Resignation; du fühlst dich fern vom großen Ganzen.

Durch deine optimistische und positive Weltauffassung bist du dafür bestimmt, anderen voranzugehen oder ihnen den Weg zu weisen. Es schlummert auch ein Heiler und Prophet in dir, der im Laufe deines Lebens geweckt werden will. Bevor du allerdings selbst ein Heiler sein kannst, brauchst du Persönlichkeiten, die dir auf deinem Weg ein Vorbild sind. Mit der Gabe, andere zu führen, musst du behutsam umgehen. Hüte dich davor, sie zu blenden oder sich über ihr Unwissen zu erheben. Du darfst die Demut nie verlieren, und du darfst nicht vergessen, dass du selbst auch ein Suchender bist.«

Jupiter-Check
Wie wird man mit Jupiters Hilfe innerlich und äußerlich reich?
Durch Handeln, Reisen, Unternehmungen, Initiativen.
Wie lässt sich mit diesem Jupiter helfen und heilen? Durch Körpertherapie, Yoga, Sport, Wärme, Motivation anderer, tatkräftiges Unterstützen, Zusprechen von Mut.

Jupiter im Zeichen Stier – Das Glück der Erde
Jupiterstärken Geduld, Großzügigkeit
Jupiterschwächen Bequemlichkeit

Die Botschaft Jupiters lautet: »Dein Glück liegt im ungestörten Genuss. Überfluss und Sicherheit bedeuten für dich die Erfüllung deiner Wünsche. Du bist geduldig. Wie ein Gärtner sorgfältig Samen und Pflanzen hegt, damit sie zur vollen Größe heranwachsen können, so überwachst du dein Hab und Gut, deine Anlagen und Talente und entwickelst sie zur vollen Reife. Der Vergleich mit dem Gärtner ist auch in anderer Hinsicht passend. Denn du liebst die Natur. Eine Waldlichtung im Frühling erscheint dir wie ein Dom, und du bist deinem Schöpfer vielleicht näher als in einer Kirche. Die Natur zeigt die Ordnung, Stimmigkeit und Erfüllung. Und die Natur heilt. Sie heilt dich, wenn du erschöpft oder krank bist. Du brauchst dich nur unter einen Baum zu legen, und du fühlst dich sofort besser. In der Natur findest du aber auch die Stoffe, um andere zu heilen. Nahrung, Heilkräuter, homöopathische Essenzen: Alles erhält durch Jupiter eine höhere Potenz, heilt und macht ganz.

Wovor du dich hüten musst, ist, Besitz zu horten. Ein Baum sammelt nicht die Erde, die ihn hält, er benutzt sie, um in den Himmel zu wachsen.«

Jupiter-Check
Wie wird man mit Jupiters Hilfe innerlich und äußerlich reich? Durch Geduld und Nähe zur Erde. Durch materiellen Wohlstand. Durch Liebe und Sinnlichkeit.
Wie lässt sich mit diesem Jupiter helfen und heilen? Mit den Heilkräften der Natur.

Jupiter im Zeichen Zwillinge – Das einfache Glück

Jupiterstärken Begeisterungsfähigkeit
Jupiterschwächen Ruhelosigkeit

Die Botschaft Jupiters lautet: »Dein Glück findest du im Alltäglichen, auf einem Wochenmarkt, im Zug, bei einer Unterhaltung mit Freunden und Bekannten. Aber auch zu Menschen, die du noch nicht kennst, findest du rasch einen Bezug und große Nähe. Dieses ›kleine Glück‹ bedeutet dir mehr, als nach großer und absoluter Erfüllung zu suchen. Du verfügst über eine enorme sprachliche Begabung, kannst gut schreiben, formulieren und sprechen.
Um dich wohl zu fühlen, brauchst du die Geselligkeit, verbalen Austausch und lebendige Kommunikation. Unter Menschen findest du zu dir und fühlst dich aufgehoben. Allein hingegen verlierst du deine innere Sicherheit und den tiefen Glauben, dass alles sinnhaft ist und von einem höheren Willen getragen wird. Daher ist es auch deine Aufgabe, andere miteinander zu verbinden, damit sie sich nicht als isoliert erleben. Der Mensch ist ein soziales Wesen. Er wächst in einer Familie auf, schafft sich später seine eigene Familie, seine Arbeitswelt, seine Freunde. Du bist auf der Welt, um andere aus ihrer Einsamkeit zu befreien, in die sie irrtümlicherweise geraten sind.«

Jupiter-Check
Wie wird man mit Jupiters Hilfe innerlich und äußerlich reich? Im Kleinen, in den Dingen, die sich im Umfeld befinden. Und in der Begegnung mit anderen.
Wie lässt sich mit diesem Jupiter helfen und heilen? Durch gute Worte, aufmunternden Zuspruch, durch Zuhören und Teilnahme. Durch Verbinden und Vernetzen.

Jupiter im Zeichen Krebs – Das Glück der Geborgenheit
  Jupiterstärken Suggestivwirkung, Phantasie
  Jupiterschwächen Gefühlspathos, Missbrauch

Die Botschaft Jupiters lautet: »Wenn du fühlst, bist du. Man kann dich einen ›Seelentaucher‹ nennen, denn deine liebste Beschäftigung ist es, dich in deine eigene oder die Seele anderer zu vertiefen. Eine gesunde und heile Psyche ist für dich unerlässlich, um zufrieden zu sein. Auch Menschen aus deinem Umfeld wenden sich an dich, weil sie intuitiv spüren, dass du ihnen helfen kannst, ihr Innenleben zu heilen.
In der Familie siehst du den Anfang allen Glücks, aber auch allen Elends. Sosehr du sie schätzt, so fern liegt es dir, nur dein eigenes Nest zu bewundern. Im Gegenteil, fremde Sitten und Gewohnheiten sind dir ebenso wichtig wie die eigenen. Am liebsten würdest du in einer Gemeinschaft leben, die von Menschen unterschiedlichster Herkunft getragen wird.
›Geborgenheit‹ ist für dich kein leeres Wort, sondern ein anderer Ausdruck für ›Erfüllung‹, ›Heimat‹, ›Göttlichkeit‹ und ›Ewigkeit‹. Wie ein Seismograph erspürst du daher Unstimmigkeiten in deinem Umfeld, die disharmonisch sind und den Frieden stören können. Deine großen heilerischen Fähigkeiten ermöglichen es, solche Störungen sichtbar zu machen. Hüten musst du dich aber davor, als Retter aufzutreten. Du bist wahrhaftig, wenn du alles einfach nur geschehen lässt.«

Jupiter-Check
Wie wird man mit Jupiters Hilfe innerlich und äußerlich reich? Im Fühlen, in der Liebe, im Geben, in der Familie, in der Vergangenheit, bei den Ahnen.
Wie lässt sich mit diesem Jupiter helfen und heilen? Durch aufdeckende Gespräche.

Jupiter im Zeichen Löwe – Das Glück der Herzensfreude
Jupiterstärken Herzenswärme, Großmut
Jupiterschwächen Eitelkeit, Dünkel

Die Botschaft Jupiters lautet: »Glück bedeutet für dich, dass du die Möglichkeit hast, spontan und großzügig schenken zu können. Äußere Werte sind dir deshalb nicht unwichtig, denn nur wer hat, kann auch geben. Aber du bist absolut kein Materialist, im Gegenteil: Wenn du nach Macht und Einfluss strebst, dann nicht in erster Linie um persönlicher Vorteile willen, sondern weil du überzeugt bist, anderen etwas geben zu können. Du verbreitest Optimismus. Deine Bestimmung ist es, anderen die Freude am Leben zu zeigen. So wie ich, dein Jupiter, einst die Schreckensherrschaft Saturns beendet habe und den Menschen eine gütigere, gerechtere Zeit brachte, so bist du auf der Welt, um Menschen zu erheitern, Sorgen und Kummer zu vertreiben.
Hüten musst du dich vor Stolz und Überheblichkeit. Bleib gütig! Trag das Feuer der Freude unter die Menschen, aber achte darauf, dass du niemanden damit verbrennst!«

Jupiter-Check
Wie wird man mit Jupiters Hilfe innerlich und äußerlich reich? Durch lebendige Teilnahme am Leben, Großzügigkeit und die Kraft des Herzens.
Wie lässt sich mit diesem Jupiter helfen und heilen? Indem man anderen das Leben als nährenden Urgrund zeigt, als göttlichen Spielplatz.

Jupiter im Zeichen Jungfrau – Das Glück der Unschuld
Jupiterstärken Engagement, Bescheidenheit
Jupiterschwächen Zersplitterung

Die Botschaft Jupiters lautet: »Glück ist für dich die einfachste Sache der Welt, es liegt vor der Tür, es braucht nur gefunden und aufgehoben zu werden. Einzige Voraussetzung: Man muss unschuldig sein wie ein Kind. Du bist daher auch kein Freund großangelegter und sich ewig hinziehender Expeditionen auf der Suche nach dem Glück. Entweder es ist hier – oder nirgends.
Insbesondere die Natur ist dir ein genialer Lehrmeister. Die Folge der Jahreszeiten, das Ineinandergreifen von Phasen des Wachstums und der Stagnation: Das alles ist für dich ein Ausdruck göttlicher Ordnung, die sich tagtäglich und jahraus, jahrein wiederholt. Auf besondere Weise faszinieren dich aber auch die Vorgänge im Zusammenhang mit dem menschlichen Körper. Dieses tagtägliche Wunder von Nahrungsaufnahme und Verwandlung in Leben, das Zusammenwirken Tausender Prozesse – all dies sind für dich sinnhafte Beweise göttlichen Wirkens.
Deine Kenntnisse befähigen dich zum Heiler. Schon durch deine Nähe initiierst du bei anderen die Genesung. Wovor du dich hüten musst, ist, dein Wissen zu missbrauchen. Wirke durch gutes Beispiel und nicht durch Besserwisserei!«

Jupiter-Check
Wie wird man mit Jupiters Hilfe innerlich und äußerlich reich? Im alltägliche Tun, bei der Arbeit, im Gefühl der Ordnung.
Wie lässt sich mit diesem Jupiter helfen und heilen? Durch bewusste Ernährung, das Studium von Körper und Geist und Lernen von der Natur.

Jupiter im Zeichen Waage – Das Glück der Liebe
Jupiterstärken Toleranz, Lebenskunst
Jupiterschwächen Eitelkeit, Genusssucht

Die Botschaft Jupiters lautet: »Glück findest du in der Kraft der Liebe. Du brauchst nicht einmal selbst unmittelbar daran teilzuhaben. Auch wenn andere Menschen sie entdecken, fühlst du dich angenommen, zu Hause, eins mit der Schöpfung. Noch göttlicher ist es natürlich, wenn Amor dich selbst trifft. Auf einer Wolke schwebst du, im Paradies bist du angekommen … Liebe ist deiner Meinung nach Ursprung und Ziel allen Seins. Gott ist die Liebe, und das Leben entspringt aus ihr. Der Liebe gibst du alles. Umgekehrt beschenkt sie dich auch. Du kannst andere tief berühren, trösten, erfreuen und aufbauen.

Auch der Kunst gehört dein Herz. Allerdings zählt für dich nur das dazu, was von Liebe getragen ist und Harmonie und Stimmigkeit ausdrückt. Im Grunde schlummert in dir selbst ein Künstler, der darauf wartet, seine Fähigkeiten zum Fließen bringen zu können. Wovor du dich hüten musst, ist, dich von Liebe und Harmonie einlullen zu lassen. Alles im Leben hat zwei Seiten. Zur Liebe gehört Auseinandersetzung und zur Harmonie Spannung. Nur wenn du das Gleichgewicht zwischen beiden Seiten findest, ist die Liebe vollendet.«

Jupiter-Check
Wie wird man mit Jupiters Hilfe innerlich und äußerlich reich? Indem man verzeiht, liebt, empfangen und geben kann.
Wie lässt sich mit diesem Jupiter helfen und heilen? Allein die Nähe heilt, und Berührungen sind eine Wohltat.

Jupiter im Zeichen Skorpion – Das Glück der Tiefe
Jupiterstärken Tiefgründigkeit, Spiritismus
Jupiterschwächen Exaltiertheit, Despotismus

Die Botschaft Jupiters lautet: »Glück findet sich deiner Meinung nach auf dem Grund aller Dinge, nicht an der Oberfläche. Dieses Wissen habe ich dir verliehen. Du sollst es weiterverbreiten. Was die Welt zusammenhält, ist der ewige Kreislauf von Zeugung, Geburt, Leben und Tod. Alles war schon immer, und alles wird immer sein. Daher musst du dich in besonderer Weise solcher Angelegenheiten annehmen, die ausgegrenzt werden aus dem Ganzen, aber dazugehören. Zum Beispiel ist für dich der Schatten ein notwendiger Teil des Lichts. Du fühlst dich daher veranlasst, dich für Schwächere einzusetzen oder aus der Gesellschaft Ausgeschlossene zu unterstützen. Du weißt instinktiv, dass es dem Leben schadet, wenn nicht alle Seiten integriert werden.

Mein heilendes Jupiterfeuer lodert in dir sehr stark. Wie Pollux einst seinem toten Bruder Castor in die Unterwelt folgte, um ihn zu retten, bist du bereit, die größten Unannehmlichkeiten auf dich zu nehmen, damit das Leben keinen Teil verliert. Du bist daher der geborene Retter und Heiler, gleich, ob du diese Gaben in einem Beruf ausübst oder sie als selbstverständlichen Beitrag in deinen Alltag einbringst. Wovor du dich hüten musst, ist, dem Dunklen und Schatten zu sehr zu verfallen – und das Helle nicht mehr klar zu sehen.«

Jupiter-Check
Wie wird man mit Jupiters Hilfe innerlich und äußerlich reich? Indem man das Offensichtliche hinterfragt, in die Tiefe geht, abwartet und einfach *ist*.
Wie lässt sich mit diesem Jupiter helfen und heilen? Indem man sich derer annimmt, die ein Schattendasein führen.

Jupiter im Zeichen Schütze – Das Glück der Weisheit
Jupiterstärken Idealismus, Glaube, religiöse Erfahrung, Sinnsuche
Jupiterschwächen Schwärmerei, Naivität, Dogmatismus

Die Botschaft Jupiters lautet: »Du bist auf der Welt, um das Glück zu suchen. In dir lebt die Geschichte aller fahrenden Völker fort, der Nomaden und Boten, herumziehenden Bader, Gaukler, Barden und Geschichtenerzähler. Letztlich ist es die Suche nach dem Heiligen Gral, nach Erleuchtung, der blauen Blume, der Quintessenz der Alchemie. Glaube ist für dich Realität, Gott ist nicht irgendwo unerreichbar, sondern überall. Auf dem Weg zu sein ist für dich das Ziel.

So verbreitest du die Wahrheit des vielen und nicht die des einen. Deswegen bist du so tröstlich für diese Welt: Denn du hast immer noch eine Perspektive, siehst immer noch eine Möglichkeit. Nichts ist für dich aussichtslos: Viele Wege führen nach Rom, und kein Problem ist so groß, dass es nicht doch eine Lösung gäbe.

Das Feuer, das ich, dein Jupiter, dir in die Hände gebe, heißt Weisheit. Wovor du dich allerdings hüten musst, ist, das Kind mit dem Bade auszuschütten. In deinem heilsamen Krieg gegen die Blindheit der Menschen läufst du Gefahr, selbst blind und einseitig zu werden.«

Jupiter-Check
Wie wird man mit Jupiters Hilfe innerlich und äußerlich reich? Durch die Suche nach Sinn und Göttlichkeit.
Wie lässt sich mit diesem Jupiter helfen und heilen? Durch eine Lebensweise, die Hoffnung verbreitet.

Jupiter im Zeichen Steinbock – Das Glück des Erfolgs
Jupiterstärken Führungsqualität, Ausdauer
Jupiterschwächen Lehrmeisterei

Die Botschaft Jupiters lautet: »Glück ist für dich, deine Arbeit getan zu haben und Ruhe und Sammlung dankbar zu genießen. Glück ist für dich aber auch, sich einer Sache vollständig zu verschreiben, ihr zu gehören, bis sie vollbracht ist. Darin gleichst du einem Bergsteiger, der nicht eher ruht, als bis er auf dem Gipfel steht und dort nach dem nächsten Ausschau hält. Du bist ein Mensch, der sich selbst antreiben und motivieren kann.
Ich, dein Jupiter, befähige dich auch, zu einem Führer zu werden, zu einem, der anderen vorausgeht. Um das zu leisten, was dein Karma ist, brauchst du Kraft, Ausdauer und Zähigkeit. Du bist hart zu dir selbst, weil du weißt, dass deine Ziele keine Schonung dulden. Das Gleiche erwartest du allerdings auch von anderen, was manchmal dazu führt, dass diese dich fürchten und dir aus dem Weg gehen. Daher ist es für dich wichtig, zu erkennen, dass nicht alle Menschen aus dem gleichen (harten) Holz geschnitzt sind wie du. Entwickle Geduld, Nachsicht und Toleranz für deine Mitmenschen, und du wirst eines Tages den höchsten Berg bezwingen, nämlich den der Weisheit.«

Jupiter-Check
Wie wird man mit Jupiters Hilfe innerlich und äußerlich reich? Durch Arbeit und Übernahme von Verantwortung, durch Demut.
Wie lässt sich mit diesem Jupiter helfen und heilen? Durch vorbildliches Verhalten, durch richtige Führung.

Jupiter im Zeichen Wassermann – Das Glück des Wandels
Jupiterstärken Humanismus, Toleranz
Jupiterschwächen Autoritätskonflikte

Die Botschaft Jupiters lautet: »Glück ist für dich das Gefühl, vorwärtszuschreiten, nicht stehen zu bleiben und deinen Idealen von einer gerechten, liebevollen Welt näherzukommen. Du unterstellst dich selbst dem Fortschritt, arbeitest, und wenn es nötig ist, kämpfst für ihn. Es geht dir nicht um deine eigene Zukunft. Du bist ein Philanthrop, ein Menschenfreund, der an das Gute glaubt. Dabei unterstützt du Eigenverantwortung und Autonomie. Hilfe zur Selbsthilfe: So lautet dein Programm. Es fällt dir schwer, dich in eine Hierarchie einzuordnen. Ungleichheit zwischen den Menschen ist für dich ein Greuel. Die Kraft deines Glaubens an eine positive Zukunft macht dich für diesen Planeten so wichtig. Denn deinen Visionen ist es zu verdanken, dass die Welt nicht stehen bleibt, sondern sich immer weiterentwickelt.

Wovor du dich in Acht nehmen musst, ist, das Alte nicht völlig zu verwerfen. Du beraubst dich sonst deiner eigenen Wurzeln. Dann aber wird auch der Fortschritt illusorisch.«

Jupiter-Check
Wie wird man mit Jupiters Hilfe innerlich und äußerlich reich? Durch Arbeit für eine bessere Zukunft.
Wie lässt sich mit diesem Jupiter helfen und heilen? Durch Vermittlung neuer Perspektiven, durch solidarische Unterstützung und Veränderung.

Jupiter im Zeichen Fische – Das Glück des Seins
Jupiterstärken Liebe, Mitgefühl, Intuition
Jupiterschwächen Helfersyndrom

Die Botschaft Jupiters lautet: »Glück bedeutet für dich, eins zu sein mit der Schöpfung – ähnlich einem Tropfen, der ins Meer fällt und eins wird mit dem Ganzen. Dein Leben richtet sich nach dem Ideal der Selbstlosigkeit und dem Zurückstellen eigener Bedürfnisse hinter das Wohlergehen des größeren Ganzen. Soziales Engagement ist für dich kein politisches Schlagwort, sondern selbstverständliche Lebensqualität. Du bist sensibel, empörst dich über Ungerechtigkeit und Lieblosigkeit. Ich, dein Jupiter, verleihe dir eine besondere Magie, die Leid und Traurigkeit auflösen kann. Du tust aber gut daran, diese Fähigkeit weiterzuentwickeln, indem du zum Beispiel Heilpraktiker wirst oder dich mit Themen beschäftigst, die deine Anlagen fördern.

Da du dich oft an großen Idealen orientierst, macht dir der Umgang mit der unmittelbaren, konkreten Wirklichkeit mitunter Mühe. Des Weiteren ist es wichtig, dass du dich als Helfer nicht ausnutzen lässt. Du musst lernen, dich abzugrenzen.«

Jupiter-Check
Wie wird man mit Jupiters Hilfe innerlich und äußerlich reich?
Durch Hingabe an das, was ist, durch Liebe des Ganzen.
Wie lässt sich mit diesem Jupiter helfen und heilen? Es sind große heilerische Fähigkeiten vorhanden, die aber gefördert werden sollen.

Saturn – Zum Diamanten werden

Die Bedeutung Saturns

Früher galt Saturn in der Astrologie weithin als Übeltäter, als Verkörperung des Schlechten und Bösen. Er scheint es darauf abgesehen zu haben, uns das Leben so schwer wie irgend möglich zu machen. Wie der Drache im Märchen verkörpert er Gefahr, Schrecken, ja, zuweilen sogar den Tod. Daher finden sich alte Darstellungen, auf denen Saturn häufig als Knochengerüst mit Sense zu sehen ist, das alles erbarmungslos niedermäht. Saturn kennt kein Mitleid, keine Gnade. Er wirft den Menschen ihr Schicksal vor die Füße – und es bleibt nichts anderes, als es zu nehmen und zu tragen.

Heutzutage wird seine Wirkung positiver gesehen: Wenn Saturn einen noch so sehr plagt, schikaniert, an den Abgrund heranführt, dann hilft er ebenso, sich gegen die Unbilden des Schicksals zu wappnen. Er »schmiedet« den Menschen, macht ihn hart, widerstandsfähig und ausdauernd. Wer immer etwas Großes erreicht in seinem Leben, der schafft es mit Hilfe Saturns und seiner (oft) grausamen Wechselbäder. Da, wo im Horoskop der Planet Saturn steht, muss der Mensch also lernen, in die Schule gehen, dort wird er gestreckt und zusammengeschoben, kritisiert und tyrannisiert, trainiert und behindert – bis er nahezu Perfektion erlangt: Vollkommenheit und Reinheit. Vom Rohling zum Diamanten, so lässt sich das Wirken Saturns zusammenfassen.

Und dennoch geht es dabei keineswegs ausschließlich um Härte, Ausdauer, Übung, Verzicht und unermüdliches Arbeiten an sich selbst. Der Weg zur Vollkommenheit führt unmittelbar am Fluss der Gnade entlang. Saturn ist kein kalter, gemeiner, fordernder Feind, dem gegenüber es sich zu wappnen und zu rüsten gilt. Er verlangt, nein, er verdient Ehrfurcht, Demut, Liebe.

♄ Das astrologische Symbol besteht aus einem Halbkreis, der dem Kreuz untergeordnet ist. Es drückt aus, dass das Seelische (Halbkreis) unter dem Materiellen (Kreuz) steht, ihm untergeordnet ist.

Auf den folgenden Seiten finden sich die zentralen Eigenschaften der Saturnposition in einem Horoskop. Bei der individuellen Anwendung ist einmal mehr zu berücksichtigen, dass diese Stellung stets auch durch Verbindungen mit den übrigen Gestirnen eine andere Färbung bekommen und im Einzelfall auch einmal stark von den hier genannten Deutungen abweichen kann.

Ihre exakte Saturnposition können Sie wieder über die Homepage des Autors herunterladen (www.bauer-astro.de).

Der Schütze und seine Saturnzeichen

Saturn im Zeichen Widder – Über die Kraft herrschen

Saturnstärken Ehrgeizig, machtvoll, führungsbegabt, durchsetzungsstark, edel
Saturnschwächen Rechthaberisch, sarkastisch, bösartig, bissig, gemein

Die Botschaft Saturns lautet: »In deinem Leben geht es darum, deine Wildheit zu bändigen, deine Emotionen zu zügeln und deinen persönlichen Willen einem höheren Ziel, einer Idee mit allgemeinem Wert unterzuordnen. Stell dir mich, Saturn, als ›Pferdeflüsterer‹ und das Widderzeichen als ein wildes Pferd vor, aus dem ein edles Ross werden soll, das dem Reiter seine feurige Energie voll und gern zur Verfügung stellt.

Viele Menschen mit dem Saturn im Zeichen Widder tendieren allerdings dazu, ihre Wildheit zu brechen, sie zu unterdrücken. Sie verdrängen und vergessen sie und sind schließlich im Besitz eines, um es salopp auszudrücken, alten Kleppers. Damit du nicht in diesen Zustand gerätst, bedarf es großer Geduld und harter Arbeit an dir selbst. Du musst die Auseinandersetzung mit dem Leben als Läuterungsprozess begreifen und Kritik nicht als Verhinderung oder Bösartigkeit des Schicksals, sondern als einen Wink Saturns nehmen. Wichtig ist auch, dass du deine Emotionen, Wünsche und Sehnsüchte hinterfragst und diesem Prozess der Katharsis unterordnest.«

Saturn-Check
Wo muss man sich diesem Saturn beugen? Man muss sein Feuer zähmen und sich in Geduld üben.
Welche Mittel und Methoden wendet Saturn an? Vollkommenheit soll erreicht werden durch Verhinderung, Kritik und Strafe.
Worauf muss man achten? Nicht zu streng und rechthaberisch zu werden.

Saturn im Zeichen Stier – Über die Lust herrschen

Saturnstärken Beharrlichkeit, Festigkeit, Standhaftigkeit, Sparsamkeit
Saturnschwächen Geiz, Gefühllosigkeit, Sturheit, Gier, Neid, Existenzangst

Die Botschaft Saturns lautet: »Du musst deine Lust und deine Gier kontrollieren. Denn du neigst dazu, dass du mehr und härter arbeitest, als dir guttut, dass du nervös und gestresst bist und schließlich arbeitsunfähig wirst. Überdies tendierst du dazu, dein Geld in Geschäften anzulegen, die du nicht übersiehst, und am Ende ergeht es dir wie ›Hans im Glück‹: Du besitzt gar nichts mehr. Du läufst also Gefahr, über deine Verhältnisse zu leben, und das von Kindesbeinen an.
Dramatische Auseinandersetzungen mit Eltern und anderen Erwachsenen sind die Folge, wobei in deinen Augen zunächst immer die anderen die ›bösen, versagenden und missgünstigen‹ Menschen sind. Aber es ist mein Einfluss, der dir das Leben schwermacht. Ich, Saturn, verlange Verzicht – und das gerade dort, wo du am meisten Spaß hast. Das ist ein harter, mühsamer, frustrierender Weg. Auf diese Weise entwickelst du jedoch eine besonders feine Sinnlichkeit, wirst zum Genießer der kleinen Dinge und der wirklichen Köstlichkeiten des Lebens.«

Saturn-Check
Wo muss man sich diesem Saturn beugen? Seiner Lust und seinen Wünschen nicht nachgeben, Vorsicht beim Streben nach materiellen Werten.
Welche Mittel und Methoden wendet Saturn an? Der Weg führt durch Leid, Schmerzen, Versagung und Verhinderung, unter Umständen auch durch Krankheit.
Worauf muss man achten? Sich nicht kasteien und sich und den anderen so die Lust am Leben nehmen.

Saturn im Zeichen Zwillinge – Über die Leichtfertigkeit herrschen

Saturnstärken Klarheit, Überblick, das Wesentliche erkennen, literarisches Geschick, geistige Wendigkeit
Saturnschwächen Die Wahrheit verdrehen, Unsicherheit, Besserwisserei, Charakterschwäche

Die Botschaft Saturns lautet: »Deine Aufgabe ist es, dich im Leben nicht zu verzetteln, die Wahrheit zu finden und nicht ihren Schein, Wissen zu erwerben, das wirklich nützlich ist. Du gehst dein Lebtag lang in eine Schule, in der du lernst, stetig besser zu werden, immer mehr Kenntnisse zu erwerben. Aber dieses ›Besser‹ und dieses ›Mehr‹ sind nicht einfach quantitativ gemeint. Es geht um einen großen Reifungsprozess.
Was ist der Grund, dich dermaßen streng zu disziplinieren? In deiner Persönlichkeit findet sich ein unglaublich leichtfertiger Anteil. Aus der Sicht des (Über-)Lebens heraus braucht es daher eine andere, eben die saturnische Kraft, damit du dir nicht aus dieser Gedankenlosigkeit heraus selbst schadest. In deiner Tiefenpsyche herrscht also ein berechtigter Zweifel an deinen Kontrollfunktionen. Das ist der Grund für die Strenge Saturns. Wenn du mit mir, dem Zwillingesaturn, behutsam und richtig umgehst, dann ›schleifst‹ du dich selbst, wirst nicht überheblich, sondern orientierst dich an anderen und suchst dir Lehrer und Meister, die dir helfen, vollkommener zu werden.

Worauf du noch achten musst: Mit dieser Saturnstellung neigt man zu einsamen Entschlüssen. Sozusagen als Gegenreaktion auf die Leichtfertigkeit wird man zum Dogmatiker und Besserwisser, zu einem, der alles mit dem Kopf checkt. Eine solche Haltung entspricht nicht meinem Wunsch.«

Saturn-Check
Wo muss man sich diesem Saturn beugen? Lernen, Kritik konstruktiv zu nehmen. Man muss über sämtliche Konsequenzen seines Verhaltens Bescheid wissen.
Welche Mittel und Methoden wendet Saturn an? Mit Verhinderung, Misserfolg und Demütigung muss man rechnen.
Worauf muss man achten? Nicht dogmatisch und überheblich zu werden. Auch vor allzu großer Strenge muss man sich hüten.

Saturn im Zeichen Krebs – Über die Gefühle herrschen

Saturnstärken Selbstbeherrschung, seine Gefühle im Griff haben, zum Kern vordringen, Distanz, Wahrhaftigkeit, Zuverlässigkeit
Saturnschwächen Gefühlskälte, Rückzug, Misstrauen, Pessimismus

Die Botschaft Saturns lautet: »Aus einem Wesen, das seinen Instinkten, seinem ›Bauch‹ folgt, soll ein Mensch werden, der sein Leben nach Einsicht, Wahrheit und höherem Wissen steuert. Der Weg ist überaus schwierig und schmerzlich. Saturn hat dir nämlich Angst vor dem Glück und sogar vor der Liebe eingepflanzt. Als wäre es für dich verboten, Zufriedenheit zu kosten, als müsstest du immer wieder die Erfahrung machen, dass das Leben bitter ist.
Woher kommen diese Ängste? Deine Psyche ist geprägt von traumatischen Erfahrungen. Es kann sein, dass sie aus früheren Leben stammen. Es ist aber genauso möglich, dass du mit bestimmten existenziellen Erfahrungen deiner Ahnen verbunden bist. Jeden-

falls lebt in dir die Angst fort, deine Gefühle könnten missbraucht werden, so wie es schon einmal geschehen ist. Deswegen misstraue ich, Saturn im Zeichen Krebs, grundsätzlich allen Empfindungen. Es ist reiner Schutz. Du sollst über die Gefühle hinauswachsen, unabhängig und frei von ihnen werden.
Aber du darfst mich auch nicht zum Alleinherrscher über dein Leben erheben und grundsätzlich vor allen Regungen davonlaufen. Du sollst klüger, erfahrener ins Leben treten, damit dir nichts Schlechtes widerfährt. Ziel deines Daseins ist es, deine Vergangenheit zu überwinden, nicht vor ihr zu kapitulieren. Stell dich deinen Gefühlen! Du bist kein Kind mehr, das man verletzen kann. Du bist eine erwachsene, starke Persönlichkeit!«

Saturn-Check
Wo muss man sich diesem Saturn beugen? Der Weg führt durch Leid, Schmerzen, Versagung und Verhinderung, unter Umständen auch durch Krankheit.
Welche Mittel und Methoden wendet Saturn an? Angst, Schmerzen, Versagung und Leid.
Worauf muss man achten? Das »Kind nicht mit dem Bad auszuschütten« sowie Gefühle zu missachten und zu unterdrücken.

Saturn im Zeichen Löwe – Über das Ego herrschen
Saturnstärken Selbstbeherrscht, erhaben, edel, vollendet
Saturnschwächen Arrogant, selbstherrlich

Die Botschaft Saturns lautet: »Du bist dafür bestimmt, das Höchste anzustreben – und musst doch immer wieder die Erfahrung machen, ganz unten zu sein. Durch mich, Saturn im Zeichen Löwe, werden Menschen geschmiedet, die Ruhm und Ehren erwerben, Meister und Führungspersönlichkeiten. Aber der Weg dorthin ist beschwerlich. Du wirst viel erdulden, durchmachen und verstehen müssen. Das Leben pendelt zwischen Macht und Ohnmacht, zwischen Stolz und Scham hin und her. Allmählich entwickelst du vielleicht Angst vor Macht, Verantwortung und Erfolg – und wirst doch davon auch regelrecht angezogen.

Diese Saturnposition kann mit der Zeit zu Unlust dem Leben gegenüber führen. Dagegen musst du dann selbst ›zu Felde ziehen‹. Zuvor aber brauchst du die Einsicht, was ich eigentlich bezwecken möchte. Bedenke, dass diese Stellung die Folge von Machtmissbrauch ist. Vielleicht hast du in einem früheren Leben versagt, die Verantwortung nicht übernommen. Vielleicht trägst du aber auch an einer Schuld der eigenen Ahnen.

Saturn im Zeichen Löwe ›erzieht‹ dich dazu, dein Wirken, dein Verhalten und Sein zu überdenken und hinsichtlich sämtlicher Konsequenzen zu verantworten. Dazu gehört im Besonderen das Verhalten als Vater bzw. Mutter den eigenen Kindern gegenüber. Du musst die Verantwortung selbst dann übernehmen, wenn du nach gängiger Meinung davon freigesprochen wirst, wie zum Beispiel bei einer Krankheit oder einem Unfall.«

Saturn-Check
Wo muss man sich diesem Saturn beugen? Lernen, Verantwortung zu übernehmen.
Welche Mittel und Methoden wendet Saturn an? Man wird behindert, gedemütigt, kritisiert.
Worauf muss man achten? Nicht zu einem lust- und lebensfeindlichen Menschen zu werden.

Saturn im Zeichen Jungfrau – Über den Körper herrschen

Saturnstärken Treue, Anhänglichkeit, Arbeitseifer, Selbstkontrolle, Genügsamkeit
Saturnschwächen Ernst, Pedanterie, Kritiksucht

Die Botschaft Saturns lautet: »Bei dir trifft Kontrolle auf Kontrolle. Denn allein das Zeichen Jungfrau bedeutet, dass man seine Gefühle, seine Triebe, seinen Sex, seinen gesamten Körper im Griff hat. Wenn dann ich, Saturn, noch hinzukomme, verdoppelt sich die vorsichtige und kritische Einstellung. Bei dermaßen viel Skepsis muss in der Vergangenheit (in einem früheren Leben, in der eigenen Ahnenreihe) etwas geschehen sein, das große Angst hervorgerufen hat: Angst vor Sexualität und dem damit verbundenen Akt der Zeugung, Angst vor Schwangerschaft und Geburt. Saturn in der Jungfrau verweist auf ein ›Versagen‹ in diesem Bereich: Vielleicht musste eine Schwangerschaft abgebrochen werden, möglicherweise kam ein Kind tot zur Welt, oder beide, Mutter und Kind, starben.

Durch meine Position wird jetzt ein Riegel vor Sex und Zeugung geschoben, werden die Gefühle blockiert, wird die Lust verringert, wird versucht, aus dem ›Tiermenschen‹ mit seiner Abhängigkeit von Lust und Trieben einen Homo sapiens im wahrsten Sinne des Wortes, einen ›weisen‹ Menschen zu machen. Ich, Saturn, verhindere also und wecke zugleich die Sehnsucht, das Körperhafte des Lebens zu transformieren, ein Wesen zu sein, dessen Energie nicht aus den Lenden, sondern aus dem Geist kommt. Das heißt beileibe nicht, dass du dich in ein Kloster zurückziehen sollst. Aber du musst dich mit diesem Thema auseinandersetzen. Das bleibt niemandem erspart, dessen Saturn im Zeichen Jungfrau steht.«

Saturn-Check
Wo muss man sich diesem Saturn beugen? Man muss seine Lust kontrollieren.
Welche Mittel und Methoden wendet Saturn an? Versagen, Enttäuschung, Krankheit, darauf muss man gefasst sein. Einsicht ist Bedingung.
Worauf muss man achten? Seine Lust nicht vollständig zu unterdrücken. Lustfeindlichkeit ist nicht das Ziel.

Saturn im Zeichen Waage – Über die Liebe herrschen
Saturnstärken Gerechtigkeitssinn, Ausgewogenheit, wahrhaftig lieben können
Saturnschwächen Disharmonie, Unzufriedenheit, Gefühlskälte, Einsamkeit

Die Botschaft Saturns lautet: »Meine Position bedeutet die Aufforderung, nach der ›richtigen, wahren‹ Liebe zu suchen. Ihr muss dein ganzes Sehnen und Streben gelten. Um sie zu finden, wirst du jede Menge Enttäuschungen zu verkraften haben. Denn was du für Liebe hältst – den Rausch der Sinne, überwältigende Gefühle, Herz und Schmerz –, hat vor mir, deinem Saturn, keinen Bestand. In meinen Augen heißt Liebe, dass sich Ich und Du, der eine und der andere, gleichwertig gegenübertreten. Niemand ist kleiner oder größer, gescheiter oder dümmer, wichtiger oder unbedeutender, reifer oder naiver. Das klingt einfach und ganz selbstverständlich, ist es aber nicht. Menschen haben von Natur aus das Bestreben, sich selbst zu verwirklichen, andere hingegen (und dazu zählen auch Partner) hintanzustellen. Darüber hinaus bestehe ich auf Zuverlässigkeit. Vor mir zählt noch das ›eherne‹ Gesetz ›… bis dass der Tod euch scheidet‹.
Es sind gravierende Dinge geschehen (in einem früheren Leben, in der Ahnenreihe), deshalb wache ich, Saturn, jetzt persönlich über die Liebe. Es kam zu unwürdigem Verhalten. Jemand wurde im Stich gelassen. Die Liebe wurde verraten. Herzen wurden gebrochen … Jetzt ›zahlst‹ du dafür. Aber es ist keine Rache oder Strafe. Ich, Saturn, mache mich stark, damit du derlei Fehlverhalten vermeidest. Ich bringe dich auf den Weg.«

Saturn-Check
Wo muss man sich diesem Saturn beugen? Man muss lernen, verbindlich zu sein.
Welche Mittel und Methoden wendet Saturn an? Falsche Liebe, Liebeskummer und Alleinsein drohen.
Worauf muss man achten? Die Liebe nicht restlos zu »vergessen«.

Saturn im Zeichen Skorpion – Über die Vergänglichkeit herrschen

Saturnstärken Tiefe, Zugehörigkeit, Willenskraft, Verbundenheit mit den Ahnen
Saturnschwächen Engstirnigkeit, Fanatismus

Die Botschaft Saturns lautet: »Meine Position verweist auf tragische, leidvolle Erfahrungen. Könntest du dein Leben bzw. das deiner Familie rückwärts abspulen, würden rasch Szenen auftauchen, in denen jemand auf der Flucht, vertrieben, ohne Heimat, ohne Zugehörigkeit ist. Diese Themen beherrschen deine Ahnenreihe weit über deine Großeltern hinaus. Man hat keine richtigen Wurzeln, kein Erbe, das man übernehmen, keine Fußstapfen, in die man treten kann. Wenn man zurückschaut, finden sich Leben ohne Glanz, ohne Würde, ohne Höhepunkt. Daher dränge ich, Saturn, dich mit aller Macht dazu, deinem Leben einen Wert zu verleihen. Denn das Gefühl, dass die eigenen Ahnen ein würdeloses Dasein fristen mussten, formt sich in den Seelen der Nachkommen zu einem großen, mächtigen Anspruch, es besser zu machen, den Gipfel zu ersteigen.

Ich, Saturn im Zeichen Skorpion, veranlasse dich, die dünnen Fäden aus deiner Vergangenheit aufzuspüren und im Laufe deines Lebens ein Netz daraus zu knüpfen – um so wieder einen Halt zu finden. In der Weise, wie du dich umdrehst und vor der Vergangenheit verneigst, bekommst du eine Verbindung zu deinen Vorfahren sowie zur eigenen Vergangenheit und erhältst Kraft und Wissen. Das ist der ›Dank der Ahnen‹. Wenn du dich ihrer annimmst, erfährst du ihren Schutz und bist nie mehr allein im Leben. Hinter dir steht die Kraft der Vergangenheit.«

Saturn-Check
Wo muss man sich diesem Saturn beugen? Sich vor der Vergangenheit verbeugen.
Welche Mittel und Methoden wendet Saturn an? Man muss hohe Ansprüche an sich selbst und sein Leben stellen.

Worauf muss man achten? Nicht in der Vergangenheit zu »ertrinken«, Gegenwart und Zukunft nicht aus den Augen zu verlieren.

Saturn im Zeichen Schütze – Über Wahrheit und Wissen herrschen

Saturnstärken Pioniergeist, Mut, Weisheit, Stärke, Wahrhaftigkeit
Saturnschwächen Dünkel, Zynismus, Grausamkeit

Die Botschaft Saturns lautet: »Dein Leben ist eine Reise zu dir selbst. Du musst dir deinen eigenen Weg suchen! Lass dich nicht von anderen beeinflussen. Hör nur auf dich! Diese starke Hinwendung zu dir selbst ist verbunden mit einer Abkehr von deinem Umfeld und beruht auf einer Reihe großer Enttäuschungen in der Vergangenheit (der eigenen bzw. der Ahnen), bei denen der Glaube an andere Menschen verlorengegangen ist: Vielleicht hat ein Arzt versagt, es ist ihm ein Fehler unterlaufen, oder er hat sich zu wenig Mühe gegeben. Vielleicht wurdest du oder jemand aus deiner Familie in seinem Glauben zutiefst erschüttert, weil ›Gott‹ ein schreckliches Geschehen zuließ, einem nicht beistand. Es gehört auch zur Vergangenheit von Menschen mit dieser Saturnposition, dass sie – um zu überleben – ihrem Glauben abschwören mussten. Jedenfalls bestand am Anfang eine große Hoffnung, die schließlich in eine große Enttäuschung mündete. Mit mir, Saturn im Zeichen Schütze, hast du einen Vertrauten an deiner Seite, einen, der hilft, derartige Enttäuschungen zu vermeiden. Mit mir bist du von vornherein skeptisch. Du kommst bereits mit Misstrauen auf die Welt, und im Laufe der Jahre gewöhnst du dich immer stärker daran, alles in Frage zu stellen. Du wirst ein Mensch, der zwischen Illusion und Wahrheit genau unterscheiden kann. Du wirst weise.«

Saturn-Check
Wo muss man sich diesem Saturn beugen? Er verlangt Selbstvertrauen.
Welche Mittel und Methoden wendet Saturn an? Er führt einen durch Enttäuschungen, Fehlschläge und Irrwege.
Worauf muss man achten? Kein grundsätzliches Misstrauen zu entwickeln, nicht gänzlich an der Welt zu verzweifeln.

Saturn im Zeichen Steinbock – Über sich und andere herrschen

Saturnstärken Klarheit, Standhaftigkeit, Verantwortlichkeit, Führungskompetenz, Selbstbeherrschung
Saturnschwächen Kälte, Rücksichtslosigkeit, Einsamkeit

Die Botschaft Saturns lautet: »Du besitzt einen besonders mächtigen Saturn. Das kommt daher, dass ich der regierende Planet des Tierkreiszeichens Steinbock bin. Ich bin hier zu Hause und kann mich gut entfalten. Meine Kraft verdoppelt sich im Steinbockzeichen. Auf der einen Seite führt dies dazu, dass du kontinuierlich an einer Lebensaufgabe arbeitest. Sie lautet: Du sollst etwas Großes vollbringen!
Auf der anderen Seite führt diese doppelte Saturnkontrolle dazu, sich selbst und vor allem seinen Gefühlen zu misstrauen.
Dies hat seine Wurzeln in der Vergangenheit (in einem früheren Leben, im Leben der Ahnen), in der du bzw. deine Vorfahren ausgenutzt, manipuliert oder sogar missbraucht wurden. Zu denken ist auch an eine Verführung oder einen gewalttätigen Missbrauch von Kindern, wohl die verwerflichste Untat. Irgendetwas in dieser Art muss Ursache dafür sein, dass du dir heute selbst nicht mehr vertraust. Für dich sind Menschen gefährlich, unberechenbar, zu allem fähig.
In der Weise, wie du älter wirst und erfährst, dass das Leben, du und die anderen berechenbar sind, wirst du neues Vertrauen schöpfen. Du wirst neue Gefühle entdecken, solche, die weniger

aus dem Bauch, sondern aus dem Herzen kommen. Du wirst lieben, mit anderen Menschen zusammen sein, aber auch allein sein können. Du wirst unabhängig, selbständig, und dein Leben wird getragen von Stimmigkeit und Zufriedenheit. Jetzt obliegt dir auch, andere zu führen. Denn du wirst sie nicht ›verkrüppeln‹ und ›züchtigen‹, sondern zu Weisheit und Liebe führen.«

Saturn-Check
Wo muss man sich diesem Saturn beugen? Man muss lernen, Herr seiner selbst zu sein.
Welche Mittel und Methoden wendet Saturn an? Angst, Vorsicht, Enttäuschung.
Worauf muss man achten? Kein Einsiedler und kein Menschenfeind zu werden.

Saturn im Zeichen Wassermann – Über das Chaos herrschen

Saturnstärken Individualität, Erfindungsgabe, Menschlichkeit
Saturnschwächen Chaotisch, verwirrt und verrückt sein, Hochstapelei

Die Botschaft Saturns lautet: »Du suchst etwas besonders Wertvolles im Leben, nämlich Individualität. Einzigartigkeit ist kostbar. Zwar sagt man leicht dahin, jemand sei ein Individuum. Aber das ist hier nicht im formellen Sinne gemeint. Ein wirkliches Individuum besitzt einen eigenen Charakter, etwas Besonderes und Einmaliges. Dadurch unterscheidet sich der Einzelne von allen anderen Menschen, vergleichbar einem als Solitär dastehenden Baum in einer Landschaft. Dieser Wunsch nach Einmaligkeit ist uralt. Du trägst ihn schon lange mit dir herum (viele Leben, durch Generationen hindurch). Du bist aus der Gesellschaft ausgebrochen, hast deine Familie verlassen – immer auf der Suche nach Freiheit, nach Individualität. Du hast Menschen mit anderem Glauben, aus anderen Ländern und aus anderen sozialen Schichten geliebt. Kinder kamen, noch bevor ein längeres Zusammenleben überhaupt zur Diskussion stand. Du selbst entstammst letztlich einer derartigen ›Augenblicksverbindung‹. Du verdankst dein Dasein einem sogenannten Zufall, einer Laune des Schicksals sowie der Spontaneität und Freiheit deiner Vergangenheit.

Aber du warst auch blind und unwissend und erlebtest daher grandiose Irrungen und Verwirrungen. Du erlittest die große Angst vor dem Chaos, vor einem Sein ohne Ordnung und Sicherheit. Du wurdest ausgestoßen und verbannt, verjagt und geächtet. – Jetzt begleitet dich Saturn. Mit mir wirst du dein freies Leben fortführen und dich dabei immer sicherer am Chaos vorbeimanövrieren.«

Saturn-Check
Wo muss man sich diesem Saturn beugen? Man muss lernen, seine Individualität zu leben, ohne im Chaos unterzugehen.
Welche Mittel und Methoden wendet Saturn an? Reinfall, Bruchlandung und Fehlentscheidung.
Worauf muss man achten? Dass man den Kontakt zu anderen Menschen nicht verliert.

Saturn im Zeichen Fische – Sein Mitgefühl beherrschen
Saturnstärken Toleranz, Opferbereitschaft, Weitblick, Visionen
Saturnschwächen Ich-Schwäche, Isolation, Selbstzweifel

Die Botschaft Saturns lautet: »Wie im Märchen wird dir aufgetragen, dich auf eine Reise zu begeben. Wohin? Vielleicht zum Ende des goldenen Regenbogens. Ans Ende der Welt. Oder nirgendwohin. Mit mir, Saturn im Zeichen Fische, ist dir ein Geheimnis in die Wiege gelegt. Aber mehr weiß man nicht. Das Geheimnis hat damit zu tun, dass in deiner Vergangenheit (in einem früheren Leben, in deiner Ahnenreihe) jemand verschwiegen wurde: ein Kind, eine andere Frau, der richtige Vater ... Dieses verleugnete, verheimlichte Leben fehlt jetzt deiner Seele, und sie sucht danach, ohne dass du es selbst bewusst wahrnimmst.

Dir ist infolgedessen ein besonderes ›Organ‹ für Unrecht und Lüge gegeben. Wo immer in dieser Welt Unrecht geschieht, leidest du mit. Jedes Leid ziehst du regelrecht an. Aber das hat auch fatale Folgen für die Liebe. Du neigst dazu, dir einen Partner zu suchen, der ganz besonders der Zuwendung bedarf, weil er unglücklich ist. Dann kannst du ihm – so meinst du zumindest – all das angedeihen lassen, was in der Vergangenheit nicht geschehen ist: grenzenlose Liebe. Du nimmst ihn an. Du bist für ihn da. Du verstößt ihn nicht.

Aber das ist der falsche Weg. Du musst mit der Vergangenheit fertig werden und sie nicht ständig vor dir hertragen. So wiederholst du nur dein Karma. Du brauchst nicht aufzuhören, andere zu lieben. Aber du darfst das rechte Maß nicht aus den Augen verlieren.«

Saturn-Check

Wo muss man sich diesem Saturn beugen? Man muss sich mit seiner Vergangenheit auseinandersetzen.

Welche Mittel und Methoden wendet Saturn an? Desillusionierung und Enttäuschung.

Worauf muss man achten? Die Vergangenheit nicht endlos zu wiederholen.

Zum Schluss

Seit nunmehr über dreißig Jahren beschäftige ich mich mit Astrologie. In dieser Zeit entstanden über sechzig Bücher zu diesem Thema. In zahlreichen Journalen und Zeitungen finden sich regelmäßig wöchentliche, teilweise sogar tägliche astrologische Beiträge von mir. In Einzelsitzungen, Seminaren, Aus- oder Weiterbildungen bin ich in meiner Tätigkeit als Astrologe einigen tausend Menschen begegnet.
Bei der ausgiebigen und intensiven Beschäftigung mit der Astrologie war mir immer daran gelegen, mich diesem geheimnisvollen »Kult« auf verschiedenen Ebenen zu nähern: auf einer leichten, unterhaltsamen in manchen journalistischen Beiträgen und auf einer ernsthaften, in die Tiefe führenden in meinen Büchern. Die populäre, eher spielerische Variante, wie sie Zeitungen oder Zeitschriften präsentieren, rückt die astrologischen Gegebenheiten ins Bewusstsein der Leser, macht neugierig und bewegt den einen oder anderen dazu, sich näher damit zu befassen. Die Astrologie scheint ohnehin eine ausgesprochen volkstümliche Komponente zu haben. Ich bin immer wieder erstaunt, dass eigentlich jeder, egal, ob er sich mit ihr beschäftigt hat oder nicht, gleich mitreden kann. Er »weiß« etwas über den Widder, den Stier, den Zwilling oder die Jungfrau. Ich bin überzeugt, dass es diese Nähe zum Alltag und Normalen ist, die die Astrologie letztendlich unverwüstlich gemacht hat.
Ich habe Psychologie studiert und war zehn Jahre lang als Psychotherapeut aktiv. Mein Wechsel zur Astrologie geschah langsam und voller Skepsis. Wie jeder denkende Mensch ist auch mir ein Zusammenspiel von kosmischen Bewegungen und menschlichem Sein nahezu unvorstellbar. Aber ich wurde immer wieder eines Besseren belehrt: Es existieren Parallelen respektive Analogien zwischen »oben« und »unten«. Doch diese Verbindung ist nicht fest oder mechanisch. Es gibt Widersprüche, Ausnahmen, Irrungen und Verwirrungen. Jeder, der sich tiefer mit der Astrologie beschäftigt, betritt früher oder später einen Raum, der voller

Wunder, aber auch voller Rätsel ist. Aus einem Horoskop lassen sich unglaubliche Schlussfolgerungen ziehen, die zum Beispiel einem Psychologen – wenn überhaupt – erst nach langen Explorationen zugänglich werden. Ein Horoskop beleuchtet das Wesen eines Menschen, offenbart seine Herkunft, seine Stellung in der Welt und seine Zukunft. Dennoch steht man auch immer wieder vor Abweichungen und Ausnahmen.

»Astra inclinant, non necessitant«, zu Deutsch: »Die Sterne machen geneigt, doch sie zwingen nicht«. Dieses berühmte und beflügelnde Zitat, das Thomas von Aquin (1225–1274) zugeschrieben wird, hat mich immer bei meiner Arbeit begleitet. Heute würde ich es sogar folgendermaßen umformulieren: »Die Sterne lösen Rätsel und decken Geheimnisse auf. Aber sie schaffen auch viele neue ...«